当代人力资源管理系列教材同步综合练习

薪酬管理
同步综合练习

朱 琪 王 忠 主编

科学出版社

北京

内 容 简 介

本书是为了配套当代人力资源管理系列教材《薪酬管理》而编写的教学练习册。编写的目的是帮助读者总结和巩固薪酬管理的课程知识，提高读者的应试能力。全书依据薪酬管理考试大纲、按最新体例分章节进行编写，并编写多套全真模拟演练题，便于读者自测知识掌握情况，更加扎实地掌握学习内容。

本书可作为广东省高等教育自学考试"薪酬管理"配套用书，也可作为普通高等院校经济管理类学生的学习参考书。

图书在版编目(CIP)数据

薪酬管理同步综合练习/朱琪，王忠主编 .—北京：科学出版社，2016.1

当代人力资源管理系列教材同步综合练习

ISBN 978-7-03-046623-5

Ⅰ.①薪…　Ⅱ.①朱…②王…　Ⅲ.①工资管理-高等学校-习题集
Ⅳ.①F244-44

中国版本图书馆 CIP 数据核字（2015）第 297575 号

责任编辑：张　宁 / 责任校对：李　影
责任印制：徐晓晨 / 封面设计：蓝正设计

科 学 出 版 社 出版
北京东黄城根北街 16 号
邮政编码：100717
http://www.sciencep.com

北京九州迅驰传媒文化有限公司 印刷
科学出版社发行　各地新华书店经销

*

2016 年 1 月第　一　版　开本：787×1092　1/16
2018 年 1 月第三次印刷　印张：10
字数：237 000

定价：38.00 元
（如有印装质量问题，我社负责调换）

编 写 说 明

    本书是为了配套当代人力资源管理系列教材《薪酬管理》而编写的教学练习册。薪酬管理作为广东省高等教育自学考试人力资源管理（本科）专业必考的专业课，是为了培养和检验自学应考者的薪酬管理的基本理论、基本知识和基本技能而设置的一门基础课。本门课程所使用的教材为朱琪和王忠主编，科学出版社 2015 年 3 月出版的《薪酬管理》。

编写依据：

    1. 广东省高等教育自学考试指导委员会颁布的《薪酬管理自学考试大纲》；

    2. 广东省高等教育自学考试指导委员会指定教材《薪酬管理》（科学出版社，朱琪和王忠主编）。

本书的特点：

    1. 以考试大纲规定的考试内容、考核知识点和考核要求为线索，按最新体例分章节进行编写。每章均列有考核内容，并将每一章节可能出现的考核知识按考试题型编写练习题，以便考生扎实、准确地掌握本章内容。

    2. 本书含多套全真模拟演练题，贴近全真试题，命题科学，解答准确，便于考生模拟考试、自测知识掌握情况。

    书中难免有不足和纰漏，恳请读者批评指正。

《薪酬管理》编写小组

2015 年 12 月

目 录
Contents

第**1**章 薪酬管理概述

考核内容

通过对本章内容的学习，了解薪酬的概念与构成；理解薪酬管理的本质与功能；掌握薪酬管理的原则与内容，掌握薪酬管理的意义。

考核的关键知识点包括：①薪酬的内涵及构成；②薪酬的本质和功能；③薪酬管理的原则和内容；④薪酬管理的意义；⑤薪酬管理的产生和发展；⑥主要的薪酬理论概述；⑦薪酬管理的发展方向。

本章要点

1. 薪酬是指员工从事某企业所需的劳动从而得到的货币形式和非货币形式的补偿，是企业支付给员工的劳动报酬。

2. 基本薪酬也叫基本工资，它是以员工的熟练程度、复杂程度、责任及劳动强度为基准，由组织根据员工所承担或完成的工作本身或者员工所具备的完成工作的技能或能力而向员工支付的稳定性报酬。

3. 可变薪酬也可称为奖励薪酬、浮动薪酬或者奖金，是薪酬体系中与绩效直接挂钩的部分，它是对员工超额劳动部分或劳动绩效突出部分所支付的奖励性报酬，旨在鼓励员工提高劳动效率和工作质量。

4. 间接薪酬是劳动的间接报酬，也就是员工福利与服务性的薪酬。

5. 薪酬的本质是指企业针对它的员工为企业所作的贡献，包括他们实现的绩效、付出的努力与占用的时间，以及他们的学识、技能、经验与创造，所付出的相应的回报或答谢。

6. 薪酬功能可分为以下三个层面。一是企业层面。①支持企业变革；②塑造和强化企业文化；③控制企业经营成本；④人员配备的功能；⑤改善经营绩效。二是员工层面。①经济保障功能；②社会信号功能；③心理激励功能。三是社会层面。①对社会劳动力资源的配置；②统计与监督功能；③影响国民经济。

7. 薪酬管理是指一个组织针对所有的员工所提供的服务来确定他们应当得到的报酬总额、报酬形式和报酬结构的过程。

8. 薪酬管理的核心问题是如何科学地、合理地根据"劳动"来确定员工的薪酬差别，即制定公平、公正、公开的薪酬制度。

9. 薪酬管理的基本原则：公平性原则、竞争性原则、激励性原则、补偿性原则、透明性原则、合法合理原则、经济及时原则。

10. 薪酬管理的基本内容包括：薪酬水平、薪酬结构、薪酬体系、薪酬关系、薪酬形式、薪酬政策和薪酬制度。

11. 薪酬管理的意义：①薪酬管理是组织管理的重要组成部分；②薪酬管理是推动组织变革的有力工具；③薪酬管理有利于实现组织目标；④薪酬管理直接关系到社会稳定。

12. 企业薪酬管理的变革体现在：①企业人力成本将逐渐上升；②薪酬制定的依据将更多地反映市场而不是工作本身的价值；③薪酬设计更富弹性并走向多轨化；④薪酬分配形式由货币主导型向资本主导型过渡；⑤薪酬支付方式将呈现多样化。

13. 薪酬管理发展方向：①薪酬管理理念以人本管理和能本管理为核心；②薪酬管理制度上日趋多元化、绩效化和透明化；③薪酬管理结构由单一薪酬结构向全面薪酬结构转变；④薪酬管理方法有短期激励向长期激励、个体激励向团体激励发展；⑤薪酬管理内容日趋丰富；⑥薪酬管理过程向程序化、规范化方向发展；⑦薪酬管理结果越来越关注程序公平。

同步综合练习题

一、单项选择题

1. 根据表现形式不同，薪酬被划分为（ ）。
   A. 货币的和非货币的两种薪酬　　　　B. 基本工资、奖金等
   C. 各种补贴、津贴等　　　　　　　　D. 各种保险、旅游补助、医疗补助等

2. 间接薪酬是指（ ）。
   A. 工资　　　　　　　　　　　　　　B. 员工福利与服务
   C. 奖金　　　　　　　　　　　　　　D. 以上都不对

3. 薪酬结构是（ ）。
   A. 必须是公开、诚实和直截了当的
   B. 与职位或能力等薪酬要素相匹配的薪酬等级结构
   C. 对象主要是企业核心员工
   D. 必须时刻保持自身的动态性

4. 最低工资构成不包括（ ）。
   A. 劳动者参加社会生产必需的最低水平的教育培训费用
   B. 劳动者个人劳动再生产所需的消费品费用
   C. 奖金和基本津贴
   D. 劳动者平均赡养人口的基本生活消费品费用

5. 薪酬水平体现了薪酬的（ ）。
   A. 内部公平　　　　　　　　　　　　B. 外部公平
   C. 激励性　　　　　　　　　　　　　D. 竞争力

6. 下面哪个选项不属于薪酬的构成（ ）。
   A. 基本薪酬　　　　　　　　　　　　B. 可变薪酬
   C. 直接薪酬　　　　　　　　　　　　D. 间接薪酬

7. 基本薪酬的特点主要有（ ）。
   A. 常规性、相对稳定性、基准性、导向性　B. 激励性、基准性、灵活性
   C. 激励性、常规性、导向性　　　　　　　D. 普遍性、稳定性、基准性

8. 下面哪个选项不属于薪酬管理的意义（ ）。
   A. 薪酬管理是组织管理的重要组成部分
   B. 薪酬管理是推动组织变革的有力工具
   C. 薪酬管理有利于实现组织目标
   D. 薪酬管理是人力资源管理的重要内容

9. 下面那个选项不是从员工方面来分析薪酬功能的（ ）。
   A. 保障功能　　　　　　　　　　　　B. 激励功能
   C. 控制成本功能　　　　　　　　　　D. 信号功能

10. 薪酬管理首先要考虑的最根本的原则是（ ）。
    A. 合法性原则　　　　　　　　　　　B. 公平性原则

C. 竞争性原则   D.   互动性原则

二、简答题

1. 什么是薪酬?
2. 什么是薪酬管理?
3. 什么是基本薪酬?
4. 薪酬的本质是什么?
5. 可变薪酬的特点有哪些?

三、论述题

1. 论述薪酬管理的基本内容。
2. 论述薪酬管理的功能。
3. 论述薪酬管理的意义。
4. 论述薪酬管理的原则。
5. 论述未来薪酬管理的发展趋势。

四、案例分析

IBM 是如何管好薪酬的

IBM 的工资水平在外企中处于中等水平,但是在 IBM 中,有一个让全体员工都坚信不疑的游戏规则:加薪的前提是工作出色,工作出色加薪是必然的。

薪酬是企业管理人员手中的一张有效的王牌,它可以直接影响到员工的情绪,从而直接影响到员工的个人工作绩效和企业的总体产出,但是每一个公司都不会轻易使用这把双刃剑。努力避免薪酬所导致的负面影响,是许多企业在制定激励机制时的一个重要内容。

如何让员工相信企业的激励机制是合理的,并完全遵从这种机制的裁决,是企业激励机制成功的标志。IBM 的薪酬管理非常独特和有效,能够通过薪酬管理达到奖励进步、督促平庸的作用。下面我们来解读 IBM 高绩效文化的精髓。

IBM 的薪酬构成很复杂,员工的薪金跟岗位、职务、工作表现和工作业绩有直接关系,但不包括学历工资和工龄工资,工作时间长短和学历高低与薪金没有必然关系。在 IBM 中,学历只是一块很好的敲门砖,但绝不会是获得更好待遇的通行证。

在 IBM,每一个员工工资的涨幅,会有一个关键的参考指标,这就是个人业务承诺计划(personal business commitment,PBC)。只要你是 IBM 的员工,就会有个人业务承诺计划。制订承诺计划是一个互动的过程,你和你的直属经理共同商讨这个计划的制订。这个计划的实质就是你向老板立下了一个为期一年的军令状,老板非常清楚你这一年的工作及重点,你自己对这一年的工作也非常明白,剩下的就是执行。大家团结紧张、严肃活泼地干了一年,到了年终,直属经理会在你的军令状上打分。直属经理当然也有个人业务承诺计划,上头的经理会给他打分,大家谁也不特殊,都按照这个走。IBM 的每一个经理掌握了一定范围的打分权力,他可以分配他领导的那个组的工资增长额度,他有权力将额度如何分给这些人,然后具体到给每个人多少。IBM 员工的薪酬背景是公司严格保密的,也没有上限下限的要求,工资涨幅不定,没有降薪的情况。如果你觉得工资的增长实在不能满足你的要求，那就只有辞职了。

如果因为工资问题辞职，IBM不会让你的烦恼没有表达的机会，人力资源部会非常惋惜地挽留你，而且跟你谈心。IBM会根据情况，看员工的真实要求是什么，一是看他的薪金要求是否合理，是否有PBC执行不力的情况，如果是公司的要求不合理，IBM会进行改善，公司对待优秀员工非常重视；二是看员工提出辞职是以增资为目的，还是有别的原因。通过交谈和调查，IBM会让每一个辞职者带着一种好的心态离开IBM。

为了使自己的薪资具有较强的竞争力，IBM专门委托咨询公司对整个劳动力市场的待遇进行非常详细的了解，对员工工资涨幅会根据市场的情况做出调整，使工资有良好的竞争力。

IBM的薪资政策精神是：通过有竞争力的策略，吸引和激励业绩表现优秀的员工继续在岗位上保持高水平。个人收入会根据员工的个体工作表现和相对贡献、所在业务单位的业绩表现及公司的整体薪资竞争力加以确定。1996年调整后的新制度以全新的职务评估系统取代原来的职等系统，所有职务按照技能、贡献和领导能力、对业务的影响力及负责范围等三个客观条件，分为千个职等类别。部分经理会根据三大原则，决定薪资调整幅度。这三大原则是：其一，员工过去三年PBC成绩的记录；其二，员工是否拥有重要技能，并能应用在工作上；其三，员工对部门的贡献和影响力。员工对薪资制度有任何问题，可以询问自己的直属经理，进行面对面的沟通，或向人力资源部查询。一线经理提出薪资调整计划，必须得到上一级经理的认可。

资料来源：俞文钊. 人力资源管理心理学. 上海：上海教育出版社，2005

思考题：

1. IBM的薪酬是怎样构成的？
2. IBM的薪酬具有怎样的功能？

参 考 答 案

一、单项选择题

1. A   2. B   3. B   4. C   5. B
6. C   7. A   8. D   9. C   10. B

二、简答题

1. 薪酬是指员工从事某企业所需的劳动从而得到的货币形式和非货币形式的补偿，是企业支付给员工的劳动报酬。广义上的薪酬是指雇主对于雇员为组织所提供的劳动或劳务而付出的各种报酬的总和。狭义的薪酬指的是员工因为雇佣关系的存在而从雇主那里获得的各种形式的经济收入。

2. 薪酬管理是指一个组织针对所有的员工所提供的服务来确定他们应当得到的报酬总额及报酬形式和报酬结构的过程。在这一个过程当中，企业必须就薪酬体系、薪酬形式、薪酬水平、薪酬结构与特殊员工群体的薪酬做出决策。同时，作为一种持续的组织过程，企业还要持续不断地制订薪酬计划，拟定薪酬预算，就薪酬关系问题与员工进行沟通，同时对薪酬系统本身的有效性做出评价并加以完善。

3. 基本薪酬也叫基本工资，它是以员工的熟练程度、复杂程度、责任及劳动强度为基准，由组织根据员工所承担或完成的工作本身或者员工所具备的完成工作的技能或能力而向员工支付的稳定性报酬。

4. 薪酬的本质是指企业针对它的员工为企业所作的贡献，包括他们实现的绩效、付出的努力与占用的时间，以及他们的学识、技能、经验与创造，所付出的相应的回报或答谢。

5. 可变薪酬也可称为奖励薪酬、浮动薪酬或者奖金，是薪酬体系中与绩效直接挂钩的部分，它是对员工超额劳动部分或劳动绩效突出部分所支付的奖励性报酬，旨在鼓励员工提高劳动效率和工作质量。

三、论述题

1. 薪酬管理的基本内容包括以下几个方面：①薪酬水平，它是指企业中各职位、各部门及整个企业的平均薪酬水平，决定了企业薪酬的外部竞争性。②薪酬结构，它是指薪酬由哪几个部分构成，各个构成部分又以怎样的比例结合在一起。③薪酬体系，即确定员工的基本薪酬以什么为基础。④薪酬关系，是指企业内部不同职位的薪酬水平所形成的相互比较关系。⑤薪酬形式，是指计量劳动和支付薪酬的方式。⑥薪酬政策，是指企业管理者对企业薪酬管理运行的目标、任务和手段的选择和组合，是企业在员工薪酬上采取的方针、策略。

2. 对于薪酬的功能，我们需要从企业、员工和社会三个方面来加以解释。从企业方面来说，薪酬管理可以支持企业变革，有利于强化员工对于变革的接受性和认可程度，薪酬管理还能塑造和强化企业文化、控制企业经营成本与改善经营绩效，此外，薪酬具有人员配备的功能，可以提高企业效率。从员工方面来说，薪酬对于员工的重要性主要体现在保障功能、信号功能及激励功能三大方面。从社会角度来看，薪酬管理对于整个社会也具有独特的作用，薪酬作为劳动价格信号，调节着劳动力的供求和劳动力的流向，对社会劳动力的配置有重要影响，薪酬也具有统计与监督的功能，对国民经济具有重要影响。

3. 薪酬问题是劳动力市场和人力资源管理的核心，它涉及员工、雇主、市场、社会、政府等各方面，会对社会经济甚至政治产生重要影响。薪酬管理的重要性体现在以下几个方面：①薪酬管理是组织管理的重要组成部分，它包括微观的薪酬管理和宏观的薪酬管理两部分。从微观上看，薪酬管理是指组织根据员工付出的劳动确定其报酬总额、报酬结构及报酬形式的过程。从宏观上讲，薪酬管理是指从国民经济的全局出发，运用各种经济杠杆，从宏观上控制薪酬的运动和变化。②薪酬管理是推动组织变革的有力工具，薪酬管理是组织管理的重要内容，同时也是组织管理的难点所在，因为薪酬管理体系必须同时具有合法性、有效性和公平性。③薪酬管理有利于实现组织目标，它是组织管理的重要组成部分，是组织人力资源管理的核心内容。④薪酬管理直接关系到社会稳定。

4. 薪酬管理的核心问题是如何科学、合理地根据"劳动"来确定员工的薪酬差别，即制定公平、公正、公开的薪酬制度。因此，在薪酬管理的过程中，需要明确薪酬管理的一些基本原则，在此基础上以薪酬制度为依据，实行有效的薪酬管理，以实现薪酬设计的目的。这些原则包括：①公平性原则，包括程序公平、机会公平、互动公平。②竞争性原则，是指如果一个组织的薪酬水平很高，那么它在吸引人才方面将比其他组织更具有竞争性。③激励性原则，它包括有两层含义：一是要求企业尽可能满足员工的实际需要。二是要求企业给付薪酬水平、结构、幅度、形式等要有激励性，除满足员工实际需要外，能够激励员工努力工作，提高工作绩效。④补偿性原则，指补偿人力资源再生产的费用。⑤透明性原则，薪酬方案应当公开，而且必须是清晰易用的，它必须让员工能够清楚地了解自己从中得到的全部利益，了解其薪酬收入与其能力、表现、绩效及贡献之间的关系，从而充分发挥物质利益的激励作用。⑥合法合理原则，薪酬管理活动必须要受到法律法规的制约。⑦经济及时原则，薪酬是产品成本的重要组成部分，薪酬标准设计过高，虽然具有竞争性和激励性，但会不可避免地带来人工成本的上升，从而会影响组织经济效益的提高。

5. 专门知识的价值被确认并融入企业的日常管理以应对企业内部和外部各方面的压力，给企业的薪酬管理带来或将带来根本性的变革。主要体现在：①企业人力成本将逐渐上升。②薪酬制定的依据将更多地反映市场而不是工作本身的价值。③薪酬设计更富弹性并走向多轨化。④薪酬分配形式由货币主导型向资本主导型过渡。⑤薪酬支付方式将呈现多样化。此外，随着世界经济发展和环境变化，薪酬管理在理念、制度、结构、方法、程序、内容、结果等方面都发生了很多转变，总体而言，薪酬管理的人本性、规范性正逐渐加强，管理上多元化、透明化、全面化的趋势日益明显。

四、案例分析

1. 薪酬的构成：①基本薪酬也叫基本工资，它是以员工的熟练程度、复杂程度、责任及劳动强度为基准，由组织根据员工所承担或完成的工作本身或者员工所具备的完成工作的技能或能力而向员工支付的稳定性报酬。②可变薪酬也可称为奖励薪酬、浮动薪酬或者奖金，是薪酬体系中与绩效直接挂钩的部分，它是对员工超额劳动部分或劳动绩效突出部分所支付的奖励性报酬，旨在鼓励员工提高劳动效率和工作质量。③间接薪酬，是劳动的间接报酬，也就是员工福利与服务性的薪酬。

2. 一是企业层面：控制企业经营成本、改善经营绩效、塑造和强化企业文化、支持企业变革、人员配备功能。二是员工层面：经济保障功能、心理激励功能、社会信号功能。三是社会层面：对社会劳动力资源的配置、影响国民经济、统计与监督职能。

第2章 薪酬设计的原理

考核内容

通过对本章内容的学习，掌握企业战略管理咨询与诊断的基本理论和其包含的各方面内容，重点掌握战略管理咨询与诊断的实用方法，咨询与诊断在企业战略管理中的实际应用，能够结合典型实例和软件工具阐述方法和原理。

考核的关键知识点包括：①薪酬激励的基本理论；②建立薪酬体系；③薪酬效应的基本理论；④影响员工薪酬的主要因素；⑤薪酬水平的基本理论；⑥薪酬外部竞争性的基本理论；⑦薪酬水平及其外部竞争性的影响因素；⑧建立薪酬水平决策的基本思路；⑨建立薪酬水平决策的原则；⑩薪酬标准及其内部公平性决策；⑪内部公平性在现代企业薪酬激励的运用；⑫企业薪酬内部公平性的重要意义。

本章要点

1. 薪酬激励就是有效地提高员工工作的积极性，在此基础上促进效率的提高，最终能够促进企业的发展。在企业盈利的同时，员工的能力也能得到很好的提升，实现自我价值。

2. 马斯诺把人的需要分为五个层次，依次为：生理需要、安全需要、归属与爱的需要、自尊需要和自我实现需要。只有低一层次的需要得到满足时，才能产生高一层次的需要。

3. 双因素是指激励因素和保健因素，当这些因素恶化到可以接受的水平以下时，就会产生"不满意"。激励因素与工作本身相关，保健因素与工作条件和工作关系相关。

4. 期望理论可以用公式表示为：激发力量 ＝ 期望×效价。其基本观点是：一个人把目标的价值看得越大，估计其能实现的概率越高，激励作用就越强。

5. 激励过程综合理论认为，工作绩效是一个多维变量，受以下五个因素的影响：一是个人能力和素质；二是外在的工作条件与环境；三是个人对组织期望意图的感悟和理解；四是对奖酬公平性的感知；五是个人努力程度。

6. 薪酬设计的原则包括：公平原则、竞争性原则、激励性原则、经济性原则。

7. 有效的薪酬激励构成要素包括：基于岗位的技能工资制、灵活的奖金制度、自助式福利体系。

8. 薪酬体系设计策略包括：薪酬战略明确化、薪酬政策透明化、薪酬激励长期化、福利待遇货币化和社会化。

9. 公平是薪酬制度的基础。"公平对待所有员工"或"按劳分配""同工同酬"，这些表述反映了对公平的关注。它强调在设计薪酬制度时，确保薪酬体系对所有的员工都公平。对员工来说有两种类型的公平：分配的结果公平、决定分配结果的程序公平。

10. 一种商品的名义价格（nominal price）发生变化后，将同时对商品的需求量产生两种影响：一种是因该种商品名义价格变化，而导致的消费者所购买的商品组合中，该商品与其他商品之间的替代，称为替代效应（substitution effect）。另一种是收入效应。收入效应指由商品的价格变动所引起的实际收入水平变动，进而由实际收入水平变动所引起的商品需求量的变动。

11. 各个企业的薪酬水平不会都完全一样，不同员工的收入也是千差万别。影响员工薪酬的因素有许多，归纳起来可以简单分为三类：企业内部因素、企业员工的个人因素和企业外部的社会因素。

12. 薪酬水平是指企业内部各类职位和人员平均薪酬的高低状况，它反映了企业薪酬的外部竞争性。薪酬水平反映了企业薪酬相对于当地市场薪酬行情和竞争对手薪酬绝对值的高低。它对员工的吸引力和企业的薪酬竞争力有着重要的影响，其数学公式可表示为：薪酬水平＝薪酬总额/在业的员工人数。

13. 薪酬外部竞争性是基于企业中职位薪酬水平高低的比较，以及由此产生的企业在劳动力市场竞争能力的大小。

14. 薪酬标准体现了企业的薪酬水平，它是计算和支付劳动者标准薪酬的基础。其中薪酬标准又称薪酬率，是按单位时间规定的各薪酬等级的薪酬数额。它反映了某薪酬等级上员工一定时间的薪酬水平的高低。

15. 内部公平性通常被称为内部一致性，是指薪酬结构与组织设计和工作之间的关系。换言之，它强调的是在一个组织内部不同的工作之间、不同的技能水平之间的报酬水平应该互相协调。这意味着组织内部的报酬水平的相对高低应该以工作内容为基础，或者以工作所需要的技能的复杂程度为基础，当然也可以是工作内容或技能要求的某种组合。但是无论如何，内部公平性强调的重点都是根据各种工作对组织的整体目标实现的相对贡献大小来支付报酬。

同步综合练习题

一、单项选择题

1. 公平理论是（　　）提出来的。
   A. 马斯洛　　　　　　　　　　B. 亚当斯
   C. 弗鲁姆　　　　　　　　　　D. 赫茨伯格

2. 由若干个工资部分组合而成的工资形式称（　　）。
   A. 绩效工资制　　　　　　　　B. 岗位工资制
   C. 技能工资制　　　　　　　　D. 结构工资制

3. 要求薪酬设定应该对岗不对人，实行同岗同酬，这是薪酬管理的（　　）。
   A. 内部公平原则　　　　　　　B. 外部公平原则
   C. 员工公平原则　　　　　　　D. 岗位公平原则

4. （　　）是不变薪酬。
   A. 基本薪金　　　　　　　　　B. 绩效薪金
   C. 红利　　　　　　　　　　　D. 股票期权

5. 以下哪一项付酬形式与企业目标的实现联系最为紧密（　　）。
   A. 按资历付酬　　　　　　　　B. 按工作环境付酬
   C. 按职位付酬　　　　　　　　D. 按绩效付酬

6. 规定最长工作时间，超时的工资支付，企业代缴的各类医疗、工作、计生、死亡、养老、失业保险等属于国家（　　）方面的政策法规。
   A. 薪酬　　　　　B. 福利　　　　　C. 劳动关系　　　　　D. 津贴

7. 员工的（　　）应与企业的经济效益、部门业绩考核结果和个人业绩考核结果挂钩。
   A. 浮动工资　　　B. 固定工资　　　C. 基本工资　　　　　D. 岗位工资

8. 下面哪一项不是薪酬标准的三大原则（　　）。
   A. 重要性原则　　　　　　　　B. 真实性原则
   C. 复杂性原则　　　　　　　　D. 稀缺性原则

9. 下面哪一项不是薪酬设计的原则（　　）。
   A. 公平原则　　　　　　　　　B. 竞争性原则
   C. 方便性原则　　　　　　　　D. 激励性原则

10. 下面哪种薪酬策略可以降低员工的离职率，降低企业的薪酬管理费用，有利于减少因为薪酬问题引起的劳动纠纷，有利于企业的形象和知名度（　　）。
    A. 领先型　　　B. 跟随型　　　C. 滞后型　　　D. 混合型

二、简答题

1. 什么是薪酬激励？
2. 期望理论的基本观点是什么？
3. 设计有效的薪酬激励的目的是什么？
4. 什么是薪酬水平？

5. 什么是薪酬外部竞争性？

三、论述题

1. 论述薪酬设计遵循的原则。
2. 论述如何设计一个有效的薪酬激励。
3. 论述对薪酬影响的内部因素。
4. 论述建立薪酬水平决策的原则。
5. 论述企业薪酬内部公平的意义。

四、案例分析

诺德斯特龙（Nordstrom）是世界著名的百货商店，主要经营服装和鞋类商品。2002年，店铺数量达到 175 家，实现销售额近 60 亿美元，位列美国零售企业第 37 位，它以优质的服务而闻名于世，被称为世界上服务最好的商店。诺德斯特龙的基本理念是：总裁为部门经理服务，部门经理为导购员服务，这样才能保证导购员为顾客服务。顾客被员工视为最尊贵的客人，一切行为的出发点就是保证他们满意。诺德斯特龙的薪酬制度是最为简单的，就是对全员实行销售额的比例提成制度，这是员工薪酬的全部，员工没有固定工资。员工不属于商品部，属于顾客，它可以引导顾客买鞋后去买服装，买服装后去买化妆品。对于不同商品，员工销售的提成比例不同，服装 6.75％，男鞋 8.25％，女鞋 9％～10％，童鞋 13％。

思考题：

1. 什么制度可以使员工向顾客提供最满意的服务呢？
2. 该制度有哪些优势和局限性？
3. 试猜想是什么原因使诺德斯特龙成功运用这种制度？

参 考 答 案

一、单项选择题

1. A	2. D	3. D	4. A	5. D
6. A	7. A	8. B	9. C	10. A

二、简答题

1. 薪酬激励就是有效地提高员工工作的积极性，在此基础上促进效率的提高，最终能够促进企业的发展。在企业盈利的同时，员工的能力也能得到很好的提升，实现自我价值。

2. 基本观点是：一个人把目标的价值看得越大，估计其能实现的概率越高，激励作用就越强。期望理论说明，激励效果取决于奖酬和潜在绩效之间的关系。绩效奖励的水平越高，激励效果越好。

3. 目的是：①提供具有市场竞争力的薪酬，以吸引有才能的人；②确定组织内部的公平，合理确定企业内部各岗位的相对价值；③薪酬必须与工作绩效挂钩，激励员工的工作动机。

4. 薪酬水平是指企业内部各类职位和人员平均薪酬的高低状况，它反映了企业薪酬的外部竞争性。薪酬水平反映了企业薪酬相对于当地市场薪酬行情和竞争对手薪酬绝对值的高低。

5. 薪酬外部竞争性是基于企业中职位的薪酬水平高低的比较，以及由此产生企业在劳动力市场的竞争能力的大小。

三、论述题

1. 薪酬设计遵循的原则包括：①公平原则。公平并不意味着大锅饭，一概而论。这种公平是建立在员工的岗位、级别、能力一致的基础之上的，是横向的公平。②竞争性原则。此原则要求本企业的薪酬制度要能够与他企业具有一定的竞争性，这样才能吸引人才、留住人才，进而使人才为企业的发展效力。③激励性原则。有效的激励需要高薪与科学性相结合，而不是单单依靠较高的薪水去激励员工工作的积极性。④经济性原则。此原则要求薪酬激励要在企业的承受能力、利润积累、成本控制的范围之内，而不是一味提倡高薪。

2. 有效的薪酬激励是由以下几个要素构成的：①基于岗位的技能工资制。基于岗位的技能工资制是岗位工资体系上的创新，形成一种强调个人知识水平和技能，推动员工通过个人素质的提高实现工资增长的工资体系。②灵活的奖金制度。奖金作为薪酬的一部分，相对于工资，主要目的是能在员工为公司做出额外贡献时，给予激励。③自助式福利体系。在兼顾公平的前提下，员工所享有的福利和工作业绩密切相连。

3. 影响薪酬的企业内部因素包括以下几个方面：①企业负担能力。员工的薪酬与企业负担能力的大小存在着非常直接的关系，如果企业负担能力强，则员工的薪酬水平高且稳定。②企业经营状况。企业的经营状况直接决定了企业的支付能力。③企业生命周期。企业在不同的发展时期，赢利水平、赢利能力和远景是不同的，这些差别会导致薪资水平的差异。④薪酬政策。薪酬政策是企业分配机制的直接表现，薪酬政策影响着企业利润积累和薪酬分配的关系。⑤企业文化。企业文化是企业在成长过程中形成的企业成员广泛接受的价值观念，以及由此决定的行为准则和行为方式。⑥人才价值观。企业对人才的重视程度直接影响到其愿意付出的薪酬水平。

4. 建立薪酬水平决策的原则包括以下几个方面：①对外具有竞争性。对外具有竞争性，在实际操作中表现为：一是设定一个高于、低于或与竞争对手相同的薪酬水平；二是确定与竞争对手相对应的薪酬形式的组合。其目的就是合理控制成本的同时吸引和保留优秀人才。②对内具有公平性。对内具有公平性，是指单个组织内部不同工作、技能、能力之间的薪酬关系。内部一致性原则是斯密公平理论在薪酬设计中的运用，它强调在设计薪酬时要保持组织内部的平衡。

5. 企业薪酬内部公平的意义包括以下几个方面：①有利于打造富于竞争力的人才队伍。首先，内部公平性可以帮助企业留住人才。随着市场人才流动机制的日益完善，人才流动更为频繁，如果企业员工感觉到公平，则更为容易获得满足感和成就感，从而容易对企业产生归属感。其次，内部公平性可以帮助企业用好人才，公平感会在企业内部形成一种企业文化。②有利于提高企业经营绩效和竞争力。内部公平性有利于调动员工积极性，从而达到工作效率提升的目标，通过公平的薪酬激励，可以在企业内部形成一种导向，即获得更好的薪酬需要达到何种职位、需要具备何种能力，这就会激励员工更加努力的工作，从而间接地达到了提升工作效率的目标。③有利于营造和谐的企业发展氛围。首先，有利于营造良好的劳资关系。其次，有利于改善员工内部之间的关系。

四、案例分析

1. 销售额提成制度。

2. 优势：①这使员工的经营业绩直接与自己的收益挂钩，他们每天根据自己的销售额就能知道当天的收入是多少，因此大大地调动了员工服务的积极性，在百货行业平均纯利率在 4％左右时，诺德斯特龙曾经达到 10％。②对于员工来说他们所得的薪水与对企业的贡献是一致的，这种薪酬制度相对于大多数其他制度来说更现实、更公平。

局限性：①可能导致员工向顾客推销他们并不需要的产品，使顾客产生反感。②使员工之间产生恶性竞争，互相拉抢生意，破坏公司形象。③使高峰时间上班的临时兼职人员得到更多的销售额提成，挫伤固定员工的积极性。④这种制度没有基本工资，员工的薪酬没有基本保障。

3. 诺德斯特龙成功运用销售额提成制度，是因为它已经形成顾客服务和员工激励共同发展的企业文化，否则其劣势很难避免（可以提出自己的看法，答案不唯一）。

第3章 薪酬管理的方法和技术

考核内容

通过对本章内容的学习，掌握薪酬管理方法和技术的基本理论及其包含的各方面内容，重点掌握工作分析、工作评价、岗位分类、薪酬调查及薪酬结构设计的应用技术与方法，并结合图表和实例分析各种技术与方法在企业薪酬管理中的实际应用。

考核的关键知识点包括：①工作分析的基本概念和意义；②工作分析的技术和步骤；③工作分析的结果及其形成；④工作评价基本概念；⑤工作评价的流程步骤；⑥工作评价方法及其结果的形成；⑦岗位分类的基本概念、原则和要求；⑧岗位分类的一般步骤；⑨薪酬调查的流程和数据分析的方法；⑩薪酬结构的基本概念、类型；⑪薪酬结构的具体设计。

本章要点

1. 工作分析，也称为职位分析、岗位分析或者职务分析，是指运用一定的技术和方法，以岗位的工作和岗位的任职者为研究对象，全面分析组织中各种工作的人物、职责等情况，并在此基础上阐述该工作的性质和特点，并对担任各种工作所需具备的资格条件做出说明。

2. 工作分析的主要步骤包括：①准备阶段；②信息搜集处理阶段；③工作分析结果表述阶段；④分析结果的应用和反馈阶段。工作分析的方法主要有：资料分析法、观察法、面谈法、工作日写实记录法、问卷调查法及关键事件记录法。

3. 职务说明书是工作分析人员根据某项职务工作的物质和环境特点，对工作人员必须具备的生理和心理需求进行的详细说明。职务说明书一般包括两大部分的内容：一是工作描述；二是工作规范。

4. 工作评价，也称为岗位评价、职务评价或者职位评价。工作评价是根据工作分析形成的结果，按照一定的标准，运用一定的方法对组织中各种职位或者岗位工作的相对价值进行综合性评定，并以此作为薪酬设计和员工评价的依据。

5. 工作评价的主要步骤包括：①准备阶段；②实施评价阶段；③形成结果阶段；④结果应用与反馈阶段。工作评价方法有：排序法、分类法、因素比较法、计点法及海氏工作评价系统。

6. 岗位分类是在岗位调查、分析、设计和岗位评价的基础上，采用科学的方法，根据岗位自身的性质和特点，对企事业单位中全部岗位，从横向与纵向两个维度上进行划分，从而区别出不同岗位的类别和等级，作为组织人力资源管理的重要基础和依据。

7. 岗位分类的一般步骤：①岗位的横向分类，即根据岗位的工作性质及特征，将它们划分为若干类别；②岗位的纵向分级，即根据每一岗位的繁简难易程度、责任轻重，以及所需学识、技能、经验水平等因素，将它们归入一定的档次级别；③根据岗位分类的结果，制定各类岗位的岗位规范即岗位说明书，并以此作为各项人力资源管理工作的依据；④建立企业岗位分类图表，说明企业各类岗位的分布及其配置状况，为企业员工的分类管理提供依据。

8. 薪酬管理就是通过合法正规的途径，运用一系列标准、科学和专业的方法和技术，获取市场上其他企业或者组织的薪酬水平，从而了解市场上竞争对手的、所处行业的或者总体的客观薪酬状况，为企业薪酬设计提供可靠的依据。

9. 薪酬调查的流程：①确定调查目的；②界定劳动力市场；③确定调查对象；④确定薪酬调查内容；⑤确定调查方法和实施调查；⑥分析调查数据；⑦撰写调查报告。关于薪酬调查数据的调查方法主要包括：频率分析法、趋中分析法、制图法及回归分析法。

10. 薪酬结构主要是指在同一组织内部不同职位或不同技能薪酬水平的排列组合关系或者对比关系，包括不同层次工作之间报酬差异的相对比值和不同层次工作之间报酬差异的绝对水平。其类型有工作导向的薪酬结构、技能导向的薪酬结构和市场导向的薪酬结构。

11. 薪酬结构的具体设计流程：①划分薪酬等级；②确定薪酬区间、中值与薪酬变动率；③计算薪酬区间渗透率；④计算相邻薪酬等级的交叉与重叠。

12. 宽带薪酬实质上是一种新型的薪酬结构设计模式，主要是对传统的等级薪酬结构进行改进和优化。美国薪酬管理学会把宽带薪酬定义为对多个薪酬等级及薪酬变动范围进行重新组合，从而变成只有相对较小的薪酬等级及相应的较宽薪酬变动范围。

13. 宽带薪酬的优点：①能引导员工重视个人技能的增长和能力的提高；②有利于职位的轮换及员工的跨职能成长；③密切配合劳动力市场上的供求变化；④有利于推动良好的工作绩效；⑤有利于管理人员及人力资源专业人员的角色转变。宽带薪酬的局限性：①适用范围狭窄；②对管理者胜任能力的要求更高；③可能降低员工的组织认同度；④使得员工晋升比较困难；⑤增加企业管理成本，加大企业管理难度。

同步综合练习题

一、单项选择题

1. 工作分析人员到工作现场运用感觉器官或者其他工具实地考察员工的工作情况，通过文字或者图表的方式予以记录、分析和归纳，并整理成适用的文字资料，这是工作分析中的哪种方法（   ）。
   A. 资料分析法   B. 观察法
   C. 面谈法   D. 关键事件记录法

2. 在运用面谈法进行工作分析时，以下哪种行为是不可取的（   ）。
   A. 面谈过程中十分尊重访谈对象，态度十分诚恳
   B. 面谈过程中十分认真地进行记录
   C. 在面谈中过程，主要是采取启发式的提问方式
   D. 面谈过程中，时常打断被访谈者说话，并对某些问题主动发表自己的看法和观点

3. 以下哪一种是量化的工作分析方法（   ）。
   A. 资料分析法   B. 观察法
   C. 工作日写实记录法   D. 职位问卷分析法

4. 以下哪项不是海氏工作评价系统所要分析的维度（   ）。
   A. 教育背景   B. 技能水平
   C. 解决问题能力   D. 承担的职务责任

5. 岗位分类中的细类是（   ）。
   A. 职系   B. 职组   C. 职门   D. 岗级

6. （   ）主要是对有关工作性质及特征进行书面说明。
   A. 工作描述   B. 工作规范
   C. 工作日志   D. 工作计划

7. 企业进行薪酬调查使用最多的方法是（   ）。
   A. 电话访问   B. 查找公共数据
   C. 薪酬调查问卷法   D. 上门访问

8. 以下哪项不是薪酬结构的类型（   ）。
   A. 技能导向   B. 学历导向
   C. 工作导向   D. 市场导向

9. 假如某薪酬区间最高薪酬值为7000元/月，最低薪酬值为5000元/月，其薪酬变动比率是（   ）。
   A. 30%   B. 40%   C. 50%   D. 60%

10. 假如某员工的基本薪酬是8000元，而区间最高值是10 000元，区间最低值是5000元，则区间渗透度为（   ）。
    A. 30%   B. 40%   C. 50%   D. 60%

二、简答题

1. 简述工作分析的意义。

2. 简述职位说明书的主要内容。

3. 简述岗位横向分类原则。

4. 简述薪酬调查的目的。

5. 简述影响薪酬等级数量设计的因素。

三、论述题

1. 论述工作分析的鉴定和评估应从哪几方面进行。

2. 论述工作评价的流程。

3. 论述实施因素比较法的流程步骤。

4. 分别阐述薪酬结构的三种类型。

5. 试述宽带薪酬设计过程中需注意的问题。

四、案例分析

A 公司是一家大型的电子企业。2006 年，该公司实行了企业工资与档案工资脱钩，与岗位、技能、贡献和效益挂钩的"一脱四挂钩"工资、奖金分配制度。

一是以实现劳动价值为依据，确定岗位等级和分配标准，岗位等级和分配标准经职代会通过形成。公司将全部岗位划分为科研、管理和生产三大类，每类又划分出 10 多个等级，每个等级都有相应的工资和奖金分配标准。科研人员实行职称工资，管理人员实行职务工资，工人实行岗位技术工资。科研岗位的平均工资是管理岗位的 2 倍，是生产岗位的 4 倍。二是以岗位性质和任务完成情况为依据，确定奖金分配数额。每年对科研、管理和生产工作中有突出贡献的人员给予重奖，最高的达到 8 万元。总体上看，该公司加大了奖金分配的力度，进一步拉开了薪酬差距。

A 公司注重公平竞争，以此作为拉开薪酬差距的前提。例如，对科研人员实行职称聘任制，每年一聘。这样既稳定了科研人员队伍，又鼓励优秀人员脱颖而出，这样能为企业长远发展提供源源不断的智力支持。

思考题：

1. A 公司薪酬体系的优势主要体现在哪些方面？

2. 您对完善 A 公司薪酬体系有何建议？

参 考 答 案

一、单项选择题

1. B	2. D	3. D	4. A	5. A
6. B	7. C	8. B	9. B	10. D

二、简答题

1. 工作分析为人力资源规划提供了必要的依据；工作分析为合理评价员工工作奠定了基础；工作分析对于薪酬结构决策具有重要意义；工作分析有助于实行量化管理；工作分析是当前组织变革与组织创新的重要手段。

2. ①基本资料。主要包括职位编号、职位名称、职位等级、所属部门直接上级和职位薪点。②职位责任。主要包括工作职责、职位关系、工作内容和要求、工作权限、工作环境和条件及工作时间。③任职条件。任职条件应包括资格条件（所学专业、工作经验、学历条件和资格证书）；身体条件；心理品质（智商和情商、语言表达、空间理解能力、书面材料知觉能力等）。④业绩标准。主要是指职位上每个职责的工作业绩衡量要素和衡量标准。⑤其他信息。主要是一些其他方面的信息，相当于备注提醒的性质，可以在职务说明书中加以说明阐述。

3. ①将组织内全部岗位，按照工作性质划分为若干大类，即职门。②将各职门内的岗位，根据工作性质的异同继续进行细分，把业务相同的工作岗位归入相同的职组，即将大类细分为中类。③将同一职组内的岗位再一次按照工作的性质进行划分，即将大类下的中类再细分为若干个小类，把业务性质相同的岗位组成一个职系。职系的划分是岗位横向分类的最后一步，每一个职系就是一种专门的职业。

4. ①根据外部市场状况调整薪酬水平；②调整薪酬结构；③评估竞争对手的劳动力成本；④吸纳和保留员工，提高员工的满意度。

5. ①企业的规模。企业规模越大，一般而言职位数越多，薪等越多。②企业的性质。智力和能力密集型的产业往往采用灵活的团队方式工作，组织层级相对扁平，薪等数相对较少。③企业的组织结构。组织层级越多薪等越多，组织越趋于扁平化薪等相对较少。④工作性质与特征。创造性、灵活性、技术性较高的职种内其职位薪等相对较少；规则性较高的职种内其职位薪等相对较多。⑤企业文化和管理的倾向。一般而言，企业文化倾向于收入差别较大，薪等较多；倾向于平均则薪等可设得少一些。

三、论述题

1. 工作分析的鉴定和评价应从以下几个方面进行。

（1）信度。假如不同的方法、不同的调查者进行工作分析所得出来的结果是一致的，那么就可以认为该工作分析是可信的，即信度是足够的。信度就是对不同分析者、不同测量方法、不同数据来源、跨时测量等所获得测量结果的一致性的度量。在现实中，要保持员工与管理者对工作的看法一致是有难度的。随着经验的增长、技能的提高，员工可能会对所从事的工作产生新的看法，而管理者可能没能及时意识到这种变化。二者对工作看法的不一致就会影响信度。一般而言，量化工作分析方法可以有效消除这种差异性，从而提高工作分析的信度。

（2）效度。效度衡量的是工作分析是否能准确无误地描述相关的工作内容。假如工作分析的结果把工作的内容描述得含糊不清，而且得不到其他员工或者管理者的认可，那么就说明此次工作分析缺乏效度。

（3）可接受性。在进行工作分析的过程中，必须要公平公正，还要员工和管理者信服放心。如果员工和管理者对最初收集的数据及数据收集过程不满意，他们就不会接受由此而得出的职位结构及与此种结构相关联的工资等级。

（4）实用性。进行工作分析一定要有用，要能为既定的目标服务，所搜集的信息一定要具有价值，否则进行工作分析就毫无意义。通常而言，工作分析的结果是用于薪酬决策（有时也会为其他人力资源活动服务），因此工作分析过程中要围绕着所确定的目标搜集信息，不能漫无目的地搜集信息，工作分析必须具备有用性。

2. 工作分析的流程包括以下几个方面。

（1）准备阶段。此阶段主要包括各项评价前的准备工作。首先必须确定工作评价的目标和对象，清岗和列出岗位名称目录，完成职务说明书，组建专家组和操作组。与专家成员商讨评价表的评价指标体系。对操作人员进行培训，还要收集其他员工及管理人员的意见，最终与专家组成员商量并共同确定工作评价的标准。

（2）实施评价阶段。根据准备阶段所确定的评价标准和计划开展实质性的工作评价工作。一个可行的方法是以部门为单位对各部门的岗位开展评价工作。在对各部门进行评价前，要允许该部门人员介绍部门内各岗位的基本情况，然后再对该部门内的各个岗位进行评价，并对已经评价的岗位结果进行讨论。在完成一个部门的岗位评价后，要对该部门的各岗位评价结果进行排序。完成这些工作后，再进行下一个部门的评价。

（3）形成结果阶段。在完成所有岗位评价后，要对全部岗位进行排序，并由评价小组评论结果，对其中大家普遍认为不合理的岗位评价要予以修正，直到大家统一意见，最终完成所有的职位评价工作。

（4）结果应用与反馈阶段。将工作评价的结果运用到人力资源管理的相关环节，并广泛收集意见和评估鉴定工作评价的结果，搜集有关的反馈信息，以便今后更好地开展工作评价工作。

3. 实施因素比较法的流程步骤如下：

（1）确定报酬因素。报酬因素是指包含在各个工作中的那些共同的因素，一般可以分为脑力、技能、体力、责任和工作条件5项，如果具体一点，也可以再分为责任、工作环境、精力消耗、体力消耗、教育水平、技能和工作经验等因素。

（2）确定标杆岗位。所谓标杆岗位，是指那些在很多组织中存在的稳定而又具有代表性的关键岗位。劳动力市场中对这些岗位的工资率有相对公平合理的水平，并且被员工广为接受。

（3）编制因素比较尺度表。首先将标准性工作按设定的各种报酬因素进行比较排序，并确定各项标准性工作在各种报酬因素下所应得到的工资，标准性工作在各个报酬要素上所得到的工资的总和就是该标准性工作的工资。

（4）将非标准性工作与标准性工作在各个报酬因素上进行比较，确定各种非标准性工作在各种报酬要素下的工资，最后，把各种非标准性工作在各种报酬要素下的工资进行加总就能得出每种非标准工作的基本工资。

4. 薪酬结构的三种类型如下：

（1）工作导向的薪酬结构。首先对员工所从事的工作本身的价值做出客观评估，然后根据所评估的结果赋予担任这一工作的员工与其工作价值相当的薪酬结构,它以工作评价为基础,完成工作所需的技能越多,则该员工的薪酬越高;工作条件越差,则薪酬越高;该工作对组织的贡献越大,则薪酬越高。它的优点是实现了职得其人和人尽其才,容易实现同工同酬;其缺点是工作评价容易主观化,难以激励员工进行创新。发达国家有70%的企业都采用工作导向的薪酬结构。

(2)技能导向的薪酬结构。这种结构主要是根据员工所掌握的技能来确定薪酬结构,技能导向的薪酬结构有两种表现形式:第一种是以知识为基础的薪酬结构。根据员工所掌握的完成工作所需要知识的深度来确定薪酬。在教师职业中应该最为普及。例如,两个工程师正在承担相同的工作,其中一个具有本科学历,另一个具有博士学历。在接受教育过程中花费的不同时间意味着他们具有不同的知识深度。由于具有较高文凭的会计师,工作效果更好,而且可以承担更高级别的工作类型,能为企业创造出更大的价值,其薪酬应该高于具有本科学历文凭的会计师。第二种是以多重技能为基础的薪酬结构。根据员工能够胜任的工作种类数目,或者说员工技能的广度来确定薪酬,员工所掌握的技能种类越多,应该得到的薪酬也就越多。

(3)市场导向的薪酬结构。这种薪酬结构是根据市场上本组织竞争对手的薪酬水平来决定本组织的内部薪酬结构。其特点是以外部劳动力市场上的薪酬关系来决定本组织内部的薪酬结构;强调的重点是组织人工成本的外部竞争力,而不是组织内部各种工作之间在对组织整体目标贡献上的对应关系;操作的后果是可能出现本组织内部薪酬结构的不一致。这种结构的优点包括简单易行,在同行业中能够保持薪酬上的竞争力。其缺点则是有些薪酬制度是保密的,有时候不容易得到准确的结果;自身薪酬水平的确定十分被动,不易自我灵活掌握;相当于让竞争对手来决定内部的薪酬结构,可能使本公司的薪酬结构丧失内部一致性。

5.宽带薪酬设计过程中需注意的问题如下:

(1)薪酬宽带数量的确定。这里指的是薪资宽带数量的决策依据是组织中能够带来附加价值的不同员工的贡献等级到底应该有多少比较合适。实际上,在薪酬结构设计中设置多少个薪酬宽带并没有一个统一的标准,有的组织设计4~8个宽带,有的则设计10~15个。在那些工作或者技能、能力要求存在较大差异的地方往往就是宽带之间的分界线。

(2)薪酬宽带的定价。在一个薪酬宽带中,往往包括很多类型的岗位,如财务、采购、销售、软件开发及工程设计等,但是不同的宽带中所要求的技能或者能力层次是存在差异的,同一宽带内各种不同职能的工作之间也会存在差异。所以,这要求企业制定合理的薪酬体系向职能各不相同却处于同一宽带的员工支付薪酬。理想的做法是参照市场薪资水平和薪资变动区间,在存在外部市场差异的情况下,对同一宽带之中的不同职能或职位族的薪资分别定价。

(3)将员工放入薪酬宽带中的特定位置。如何将员工放在薪酬宽带中合适的位置是一个组织需要考虑和解决的重要问题,因为如果处理不好,员工可能会产生不满,最终会对组织造成不利的影响。组织的经营文化及组织目标各不相同,因此在确定员工在薪酬宽带中的位置时要采用不同的方法。对于那些强调绩效的组织,应根据员工的绩效决定其在薪酬宽带中的位置;对于那些强调新技能获取的组织,则按照员工获取新技能的情况来确定其在薪酬宽带中的位置；对于强调员工能力的组织，则可以在综合考虑市场薪酬水平与员工的知识及工作绩效的基础上来确定员工在薪酬宽带中的位置。

（4）跨级别的薪资调整及宽带内部的薪资调整。对于员工的薪酬调整，必须是建立在对员工的技能、能力及绩效的公平与客观的基础之上。宽带薪酬作为灵活的薪酬结构模式，其强调的是员工个人能力的提高和业绩的提升。因此当处理员工在不同等级宽带之间的变动时，必须合理地制定员工薪酬跨级别的变动标准，以保证合理性和公平性。对于在同一级别宽带的薪酬调整，处理方法则与同一薪酬区间内的薪酬变动原理一样。

四、案例分析

1．（1）与岗位、技能、贡献和效益挂钩的"一脱四挂钩"工资、奖金分配制度体现了对内公平与个人公平。

（2）岗位等级和分配标准经职代会通过形成体现了薪酬制度的合法性。

（3）①全部岗位划分为科研、管理、生产三大类体现了岗位分类的科学性。②大类下有等级，每个等级都有相应的工资与奖金分配标准，体现了制度的严谨、明确与可操作性。③科研人员实行职称工资，管理人员实行职务工资，工人实行岗位技术工资。科研岗位的平均工资是管理岗位的 2 倍，是生产岗位的 4 倍。这些体现了在薪酬上实现了对员工的分类管理，还反映了薪酬体系突出重点，偏重于科研人员，符合企业特点，提高了企业的核心竞争力。

（4）公司在注重公平的同时，还强调竞争，通过奖金拉大薪酬差距，有利于降低人工成本与增加企业经营效益。

2．（1）掌握市场薪酬水平变化，及时进行薪资调整，提高薪酬制度的对外竞争力。

（2）不断完善绩效管理制度，为薪酬制度的运行提供依据，保证薪酬制度的公平合理。

（3）在贯彻薪酬制度的过程中会遇到各种问题，因此需要建立并完善沟通平台，上情下达，下情上达，不断发现问题，提出对策，完善薪酬制度。

（4）注意长期激励与短期激励相结合，对高层管理者、核心技术人员和有突出贡献的员工推行长期激励，如年薪制、期权和股权计划等。

第4章 薪酬管理的实施

考核内容

通过对本章内容的学习，掌握薪酬管理制度制定和完善、薪酬管理制度的实施、薪酬管理的预算与成本控制及日常管理和总额管理的多个要点，重点掌握工资、奖金制度的制定和成本控制。

考核的关键知识点包括：①薪酬管理与薪酬制度；②薪酬制度制定的依据、程序；③合理有效的薪酬制度制定；④薪酬体系设计；⑤薪酬制度设计的总原则；⑥薪资结构的概念；⑦薪酬制度的具体实施；⑧薪酬预算与薪酬成本控制；⑨薪酬成本的概念、构成、分类；⑩影响薪酬成本的因素；⑪薪酬总额管理和薪酬日常管理。

1. 薪酬制度是企业人力资源管理的重要政策文件，它是企业薪酬管理规范化和流程化的表现。

2. 有效的薪酬管理制度应该依据公司的薪酬调查、公司的职位分析与评价、企业总体发展战略目标、企业的使命价值观和经营理念、企业的财力状况及企业生产经营特点和员工特点制定。

3. 一个合理有效的薪酬制度应该兼顾公平性、竞争性、激励性、经济性、合法性和可操作性。

4. 最常见的四种薪酬模式分别是基于职位的薪酬模式、基于技能的薪酬模式、基于能力的薪酬模式和基于业绩的薪酬模式。五种最常用的薪酬制度是年薪制、岗位绩效工资制、项目工资制、计件工资制和业绩提成制。

5. 奖金是薪酬的重要组成部分，是对员工有效超额劳动的报酬和奖励。

6. 企业的薪资结构一般包括基本薪资、津贴、奖金、超时工资和业务提成五个方面。基本薪资由岗位职能等级薪资、学历薪资、技能薪资、工龄工资、特聘薪资组成；津贴一般包含电话津贴、夜班津贴和兼职津贴；奖金是薪资结构的重要组成部分。

7. 薪资支付，就是薪资的具体发放办法。主要包括薪资支付项目、薪资支付水平、薪资支付形式、薪资支付对象、薪资支付时间及特殊情况下的薪资支付等。

8. 薪酬政策具有战略性、独特性、灵活性和激励性等特点，由企业决策层与薪酬专家团共同策划个性化的薪酬政策。

9. 薪酬预算是指企业在薪酬管理过程中进行的一系列人工成本开支方面所进行的权衡与取舍。

10. 薪酬预算的目标：①目标要有针对性；②目标明确，层次清晰；③目标的约束条件；④目标完成的时间限制。

11. 薪酬预算编制方法：①宏观接近法，包括盈亏平衡点基准法、劳动分配率基准法和销售额基准法；②微观接近法；③综合法。

12. 显性薪酬成本是指员工从企业享用的各种报酬给企业带来的直接成本，包括工资、津贴、奖金、福利、培训及精神报酬等；隐性薪酬成本是指员工的低效率损失，包括人才的流失、商业秘密的泄露、丧失客户的关系、员工的负面情绪等给企业带来的机会成本。

13. 影响薪酬成本的因素：①外部环境，包括人才市场的竞争、相关法律法规、企业所属行业和企业所在地区的经济发展程度；②内部因素，包括企业的获利能力、企业规模、企业的薪酬结构、企业的员工结构和企业文化。

14. 薪酬成本控制的基本原则：①追求人力资源效益最大化；②企业自我约束和标杆管理的结合；③科学控制，以人为本。

15. 薪酬成本控制的方法：①通过调整薪酬水平进行薪酬成本控制；②通过调整薪酬结构进行薪酬成本控制；③通过控制雇佣量进行薪酬成本控制；④通过控制薪酬技术进行薪酬成本控制。

16. 薪酬总额是指企业在一定时期内直接支付给员工的劳动报酬总额，包括企业所有员工的工资、奖金、加班费、津贴、补贴、福利、劳动保险费、培训经费等费用开支。

17. 薪酬总额的全周期管理包括四个步骤：薪酬总额预算、薪酬总方法控制和调整、薪酬总额核算和薪酬总额分析调整机制。

18. 薪酬日常管理是由薪酬预算、薪酬支付、薪酬调整组成的循环。

同步综合练习题

一、单项选择题

1. 企业薪酬制度设计的基本依据和前提是 （　　）。
   A. 薪酬的市场调查
   B. 岗位分析与评价
   C. 绩效考评的实施
   D. 岗位调查与分类

2. 关于绩效工资说法错误的是 （　　）。
   A. 绩效工资过于强调个人的绩效
   B. 计件工资制属于绩效工资形式
   C. 佣金制不属于绩效工资形式
   D. 绩效工资制的基础缺乏公平性

3. 经营者年薪制的构成一般不包括 （　　）。
   A. 可变工资
   B. 浮动工资
   C. 提成工资
   D. 固定工资

4. 全面考虑了员工对企业投入的工资结构类型是 （　　）。
   A. 绩效工资制
   B. 技能工资制
   C. 岗位工资制
   D. 组合工资制

5. 将员工的资历和经验当成一种能力和效率予以奖励的工资调整方法是 （　　）。
   A. 物价性调整
   B. 工龄性调整
   C. 奖励性调整
   D. 效益性调整

6. 薪酬预算的编制方法不包括 （　　）。
   A. 盈亏平衡点基准法
   B. 微观接近法
   C. 工资指数法
   D. 销售额基准法

7. 劳动分配率＝（　　）÷附加价值。
   A. 薪酬费用总额
   B. 固定成本
   C. 销售总额
   D. 劳动力成本

8. 薪酬总额管理的起点是 （　　）。
   A. 薪酬总额分析与调整
   B. 薪酬总额发放控制与调整
   C. 薪酬总额核算
   D. 薪酬总额预算

9. 工作本身、工作环境和组织特征给员工带来的愉悦和满足感是 （　　）。
   A. 劳动保护费
   B. 精神报酬
   C. 社会保险费用
   D. 员工福利

10. 薪酬支付方法中最缺乏激励效果的是 （　　）。
    A. 计时薪酬
    B. 计件薪酬
    C. 技能薪酬
    D. 绩效薪酬

二、简答题

1. 一个合理有效的薪酬管理制度应具有哪些特点？
2. 奖金是激励员工积极努力工作的一种非常有效的方式，奖金具有哪些特点？
3. 薪酬预算的影响因素有哪些？

4. 在企业的薪酬成本控制中应遵循怎样的基本原则?

5. 薪酬总额管理有哪几个步骤?

三、论述题

1. 论述薪酬管理制度制定的过程。

2. 论述五大薪酬模式的适用对象及其优缺点。

3. 论述薪酬管理实施的具体内容。

4. 论述薪酬成本控制的方法。

5. 论述薪酬日常管理的内容。

四、案例分析

A 公司是一家生产和销售电信产品的公司,在创业初期,依靠一批志同道合的朋友,大家不怕苦不怕累,从早到晚拼命干,公司发展迅速,几年之后,员工由原来的 15 人发展到600 余人。业务收入由原来的每月 10 多万元发展到每月 1000 多万元,企业大了,人也多了,但公司领导明显感觉到,大家的工作积极性越来越低,也越来越计较报酬。

A 公司的总经理黄先生一贯注重思考和学习,为此特地到书店买了一些有关成功企业经营管理方面的书籍来研究,他在《松下幸之助用人之道》一书中看到这样一段话:"经营的原则自然是希望能做到'高效率、高薪资'。效率提高了,公司才可能支付高薪资,但松下幸之助提倡'高效率、高薪资'时,却不把高效率摆在第一个努力的目标,而是借助提高薪资,来激发员工的工作意愿,以此达到高效率的目的。"黄先生想,公司发展了,确实应该考虑提高员工的待遇,这一方面是对老员工为公司辛勤工作的回报,另一方面也是吸引高素质人才加盟公司的需要。为此,A 公司聘请一家知名的咨询公司为企业重新设计了一套符合公司老总要求的薪酬制度,大幅度提高了公司各类员工的薪酬水平,并对工作场所进行了全面整修,改善了各级员工劳动环境和工作条件。

新的薪酬制度推行以后,其效果立竿见影,A 公司很快就吸引了一大批有才华、有能力的人,所有的员工都很满意,工作十分努力,工作热情高涨,公司的精神面貌焕然一新。但这种好势头没有持续多久,员工旧病复发,又逐渐地恢复到以前懒洋洋、慢吞吞的状态。

公司的高薪没有换来员工持续的高效率,公司领导陷入两难困境,既苦痛又彷徨,问题的症结到底在哪儿呢?

思考题:

1. 该公司应采取哪些措施对员工的薪酬制度进行再设计、再改进?

2. 为了持续保持公司员工旺盛的斗志,应当采取哪些配套的激励措施?

参 考 答 案

一、单项选择题

1. A 　　2. C 　　3. C 　　4. D 　　5. B
6. C 　　7. A 　　8. D 　　9. B 　　10. A

二、简答题

1. 有效的薪酬管理制度应该具有以下几个特点：公平性（包括外部公平性和内部公平性）、竞争性、有效性、激励性、合法性和可操作性。

2. 奖金的特点：①奖金具有很强的针对性和灵活性；②及时地弥补计时、计件工资的不足；③奖金具有激励作用；④收入具有明显的差别性；⑤奖金分配所形成的收入具有不稳定性。

3. 薪酬预算的影响因素：①外部市场环境；②企业内部因素；③法律法规的限制；④生活成本的变动。

4. 薪酬成本控制的基本原则：①追求人力资源效益最大化；②企业自我约束和标杆管理的结合；③科学控制，以人为本。

5. 薪酬总额管理有以下四个步骤：薪酬总额预算、薪酬总方法控制和调整、薪酬总额核算和薪酬总额分析调整机制。

三、论述题

1. 在设计薪酬制度时，应该有以下几个步骤：调查薪酬管理中存在的问题、确定薪酬总额、制定薪酬结构、编写薪酬制度。

（1）调查薪酬管理中存在的问题。在规范企业的薪酬制度之前，人力资源部门应该对现行的薪酬管理进行调查，了解员工对薪酬水平和薪酬管理的满意程度。

（2）确定薪酬总额。企业的薪酬总额是企业所有员工的工资、津贴、奖金和福利等内容的总和，在确立企业的薪酬总额时，首先要考虑的是企业的实际承受能力，其次是员工的基本生活费和人力资源市场行情。

（3）制定薪酬结构。薪酬结构主要分为职能工资制、职务工资制和结构工资制，企业应根据本行业和企业自身的具体情况和特点，选择合适的薪酬结构。

（4）编写薪酬制度。将设计出来的薪酬体系编写成书面的、系统的薪酬管理制度。

2.（1）年薪制的适用对象及其优缺点如下。

适用对象：核心管理人员，包括高层管理者和核心管理中层的管理序列岗位。

优点：薪酬与公司的整体效益直接挂钩，充分激励核心管理人员对公司的发展负责；将掌握公司最多信息和资源的岗位与公司的荣辱兴衰紧密相连，促进了资源、权利等的效用最大化，有利于公司年度绩效的提升。

缺点：与年度公司业绩密切相关，容易导致高管的短期行为，缺乏对企业长期受益的有效激励。

（2）岗位绩效工资制的适用对象及其优缺点如下。

适用对象：中层管理人员，财务管理、管理、采购、生产等职能管理序列岗位。

优点：其一，薪酬的发放兼顾岗位对企业的贡献价值和员工的具体工作业绩表现，岗位工资较为固定，其体现了工作岗位对技能、知识、经验等的要求，而且有很好的保健功效，增加了员工的稳定感和安全感。其二，绩效工资能激励员工对工作目标的达成，在稳定团队的同时最大限度地追求了企业整体绩效提升的平衡。

缺点：其一，需要有一套科学的岗位价值评估体系对不同类型的岗位进行价值评价。其二，相对较为稳定的岗位工资部分，会削弱绩效工资的激励效果，对于能力、绩效特别突出的优秀员工的激励不足，对于绩效平庸员工的压力也相对较弱，需要通过其他方式进行调和。

（3）项目工资制的适用对象及其优缺点如下。

适用对象：按照项目制方式工作的岗位。

优点：其一，技能工资的设定突出了技术能力水平等个人要素，有利于吸引该领域的优秀人才。其二，按照项目制运作和考核发放的项目奖金对于提升项目团队的整体合作和工作效率，促使项目目标的达成具有较好的激励效果。

缺点：不同类型或者性质的项目奖金的确定会有较大的差异性和难度，需要建立完善和科学的项目评价和管理体系，才能保证项目奖金分配公平、公正、合理。

（4）计件工资制的适用对象及其优缺点如下。

适用对象：生产操作序列岗位。

优点：与工作业绩密切挂钩，易于量化，对于生产操作岗位有较好的激励效果。

缺点：对企业的生产管理水平有一定的要求，生产基础资料要完善，能够进行企业所有工序的生产工时定额。

（5）业绩提成制的适用对象及其优缺点如下。

适用对象：销售序列岗位。

优点：其一，底薪很低，起到保障作用，最小化了人工成本。其二，销售提成奖金力度很大，工资弹性很大，对业绩激励效果十分显著。

缺点：其一，这种模式针对性很强，具有浓烈的企业特性，普遍性较差，在销售提成基数和提成比例的设计过程中需要对行业、企业产品、地区差异性状况有较深入的了解。其二，因为弹性很大，员工的业绩压力较大。

3. 企业薪酬管理制度的具体实施包含以下内容：薪酬管理制度制定的目的、制定的原则、制定的依据、适用的范围、管理的机构、基本的薪资结构、奖金结构、福利结构、薪资支付方式、调薪范围及相关文件的保存。

4. 薪酬成本控制的方法包括：①通过调整薪酬水平进行薪酬成本控制；②通过调整薪酬结构进行薪酬成本控制；③通过控制雇佣量进行薪酬成本控制，即控制员工数量、控制员工有效工作时间；④通过控制薪酬技术进行薪酬成本控制，包括最高薪酬水平和最低薪酬水平、薪酬比较比率。

5. 薪酬日常管理的内容：①薪酬预算，是指企业在薪酬管理过程中一系列在人工成本开支方面所进行的权衡与取舍；②薪酬支付，是指薪酬的具体支付办法，主要包括薪酬支付的计算、薪酬支付时间、薪酬支付方式等；③薪酬调整，包括薪酬水平调整、薪酬策略调整、薪酬要素构成调整、薪酬结构调整。

四、案例分析

1. 该公司应根据企业发展的中长期方向和目标，坚持"对外具有竞争力，对内具有公平性"的基本原则，采取以下步骤，对公司的薪酬制度进行再设计、再改进：

（1）对全部岗位进行工作分析，建立健全定编、定岗、定员和定额等各项基础工作。

（2）对各类岗位进行系统的岗位评价和分类分级，以保证薪酬对内的公平公正性。

（3）建立薪酬调查制度，定期地进行薪酬市场调查，掌握同类企业员工薪酬水平的变动情况，以提高公司员工薪酬水平，保持公司薪酬的市场竞争力。

（4）根据公司生产经营的状况和财务实力，对各类员工的薪酬结构进行再设计，采用适合岗位性质与工作特点的工资和奖励制度。

（5）定期进行员工薪酬满意度调查，掌握员工的动态，运用多种激励方式和手段，最大限度地调动员工的积极性、主动性和创造性。

（6）注重于员工薪酬制度相关制度的贯彻落实，提高其相互配套性和支撑性。

2. 为了保持员工的工作积极性，公司在选择激励措施方面必须加以改进。首先，公司领导要转变观念，树立"以人为本"的经营管理思想，针对 A 公司的现状，其重点应当是建立以薪酬制度为基础的员工激励机制，使企业进入"高薪资、高效率、高效益"良性循环。其次，强调外在激励的同时，更应当重视内在激励，从工作性质本身激励员工。除此之外，还应引入适度的竞争机制，并创造公平的工作环境，让员工能够充分地发挥自身的潜能并得到合理的报酬。再次，应加大对团队绩效奖励的力度，以倡导团队的合作精神，并设计适合员工需要的福利项目。最后，在依据充分、公平公正的前提下进一步强化奖惩制度，将公司长远发展计划与员工短期目标密切结合在一起，帮助业务骨干制订职业生涯规划。

第5章 战略性薪酬管理

通过对本章内容的学习，掌握企业战略管理咨询与诊断战略性薪酬的基本理论和其包含的各方面内容，重点掌握战略性薪酬管理的便用方法和全面薪酬体系中的实际应用。

考核的关键知识点包括：①组织战略的概念、特点；②战略性薪酬的内涵与性质；③从传统薪酬到战略性薪酬；④企业战略、人力资源管理战略、薪酬战略和薪酬管理的关系；⑤全面薪酬体系；⑥薪酬目标；⑦薪酬模式；⑧战略性薪酬设计技巧。

本章要点

1. 组织战略是针对整个组织，对组织所有资源的运筹帷幄，因此传统观念的组织战略具有全局性、长远性和纲领性的特点。

2. 战略性薪酬是指对组织绩效具有决定性的模式，以及凡是能对组织绩效产生重大影响的薪酬决策模式，便具有战略性。简而言之，即战略性薪酬是对重大薪酬模式的决策。

3. 战略性薪酬管理的核心是薪酬战略，是企业长期、整体的关于薪酬管理的设想和行动方案，是以企业发展战略为依据，根据企业某一阶段的内部、外部总体情况，正确选择薪酬策略，系统设计薪酬体系并实施动态管理，使之促进企业战略目标实现的活动。

4. 所谓企业薪酬战略就是建立与企业战略一致化的薪酬管理过程。在管理过程中，通过薪酬管理行为最终实现企业的战略，或者说，企业薪酬战略管理的最终目标就是通过对企业员工的薪酬管理行为来实现企业的战略目标。

5. 基本薪酬的决定因素主要依赖于三个方面的因素：一是员工所从事的特定工作；二是在组织内维持员工薪酬公平性的需要；三是与市场上、行业中或地区内的其他雇主相比，支付具有竞争力薪酬的需要。

6. 全面薪酬战略强调的是外部市场敏感性而不是内部一致性，是以绩效为基础的可变薪酬而不是年度定期加薪，是风险分担的伙伴关系而不是即得权利，是弹性的贡献机会而不是工作，是横向的流动而不是垂直的晋升，是就业的能力而不是工作的保障性，是团队的贡献而不是个人的贡献。

7. 当今一般情况下薪酬制度的基本目标是支持战略、公平、合法、市场竞争和激励。

8. 支持战略是指承担不同职能和任务目标员工的薪酬水平应当支持公司的战略目标；应该与人力资源战略和目标正确配合，能够促进员工的行为与组织目标相符合。企业战略薪酬的类型按照经营战略类型分为低成本薪酬战略、差异化薪酬战略和专一化薪酬战略；按照企业发展阶段分为快速发展薪酬战略、稳定薪酬战略和收缩薪酬战略。

9. 公平是薪酬制度的基础。"公平对待所有员工"或"按劳分配""同工同酬"，这些表述反映了对公平的关注。它强调在设计薪酬制度时，确保薪酬体系对所有的员工都公平。对员工来说有两种类型的公平：分配的结果公平、决定分配结果的程序公平。

10. 实践中的薪酬制度有很多种称谓，如岗位绩效工资、职能工资、岗位技能工资、协议工资、计件工资等不下 10 个，理论家在总结时就事论事者多，对实践者来说无所适从，很难理清设计脉络。概括来讲，薪酬基本的模式有：基于岗位的薪酬模式、基于绩效的薪酬模式、基于技能的薪酬模式、基于市场的薪酬模式、宽带薪酬模式和基于年功的薪酬模式。

11. 企业设计薪酬时必须遵循一定的原则，这些原则包括战略导向、经济性、体现员工价值、激励作用、相对公平、外部竞争性等。薪酬战略是依据企业战略的层层支持来制定的。战略薪酬的设计步骤：评估薪酬的意义和目的；开发薪酬战略，使不同企业经营战略和环境相匹配；实施薪酬战略；对薪酬战略和经营战略匹配进行再评价。

同步综合练习题

一、单项选择题

1. 战略性薪酬管理的核心是（　　　）。
   A. 薪酬战略
   B. 薪酬决策
   C. 薪酬计划
   D. 薪酬

2. 传统薪酬战略下，薪酬构成的特征不包括（　　　）。
   A. 基本薪酬
   B. 加薪
   C. 福利
   D. 奖金

3. 企业战略的层次不包括（　　　）。
   A. 总体战略
   B. 业务战略
   C. 功能战略
   D. 职能战略

4. 从薪酬水平看，薪酬战略不包括（　　　）。
   A. 领先策略
   B. 跟随性策略
   C. 创新性策略
   D. 滞后性策略

5. 薪酬决策的内容不包括（　　　）。
   A. 薪酬体系决策
   B. 薪酬环境决策
   C. 薪酬结构决策
   D. 薪酬管理过程决策

6. 成本领先战略实际上就是（　　　）。
   A. 内部公平战略
   B. 低成本战略
   C. 竞争力战略
   D. 激励战略

7. 公司战略通常不包括（　　　）。
   A. 激励战略
   B. 成长战略
   C. 稳定战略
   D. 收缩战略

8. 薪酬的基本战略不包括（　　　）。
   A. 基于绩效的薪酬模式
   B. 基于技能的薪酬模式
   C. 基于岗位的薪酬模式
   D. 基于年功的薪酬模式

9. 一般情况下，薪酬制度的基本目标不包括（　　　）。
   A. 激励
   B. 公平
   C. 合法
   D. 收缩

10. 战略性薪酬设计的原则不包括（　　　）。
    A. 战略导向原则
    B. 经济性原则
    C. 只体现员工价值原则
    D. 相对公平原则

二、简答题

1. 简述战略性薪酬管理的核心。
2. 简述影响薪酬战略的因素。
3. 简述全面薪酬战略的主要特征。
4. 简述组织战略的特点。
5. 简述组织生命周期包含的内容。

三、论述题

1. 论述战略性薪酬的目标。
2. 论述战略性薪酬的模式。
3. 论述战略性薪酬的设计原则。
4. 论述战略性薪酬设计的注意事项。
5. 论述战略性薪酬的设计步骤。

四、案例分析

近些年来，一家企业在中国商界迅速走红，这家企业并非高科技企业，也并非国际大公司，而是中国本土的一家餐饮企业"海底捞"火锅店。"服务员高效、快速、准确、得体、大方、贴切的服务，真的使人有家的感觉。"这是网友对海底捞服务员所做的网上评价。那么，这到底是一家怎样的公司呢？

海底捞全称是四川海底捞餐饮有限公司，始于1994年，是一家以经营川味火锅为主，融汇各地火锅于一体的大型跨省直营餐饮民营企业。公司自成立起，始终奉行"服务至上、顾客至上"的理念，以贴心、周到、优质的服务，赢来了纷至沓来的顾客和社会的广泛赞誉。公司的年营业额超亿元，纯利润超千万元，先后荣获"先进企业""消费者满意单位""名优火锅"等十几项光荣称号和荣誉。

几乎每一个第一次来到海底捞就餐的客人都会对在这家火锅店的消费体验称奇。可以说，这家火锅店中的每一个环节（停车、等位、点菜、中途上洗手间、结账走人）都洋溢着服务的热情。

在惊叹于这样一个细致入微的贴心服务之余，很多客人会惊讶于海底捞员工服务热情的程度。很多人都感到奇怪：海底捞究竟有什么魔力能够让自己的员工一个个精神饱满、热情洋溢？

为了实施客户服务战略，海底捞力图为公司建设一支高效率、高满意度且具有强烈的服务精神的员工队伍。公司认为，要想让客人满意，就必须使自己的员工能够满意他们自己的生活状态，并且拥有为顾客服务的激情和热情。

关于海底捞被人们广为称道的细节服务，如发圈、眼镜布等，最初只是一个自发的想法。袁华强说："员工提出新建议，大家讨论后觉得可行就会去实施。"防止顾客手机被溅湿的塑封袋就是一名叫包丹的员工提出的创意，这个袋子在海底捞就用该员工的名字命名，即包丹袋。"这种命名方式既能实现他的价值，也是对他的尊重，很多员工都有很不错的创意，要给他们提供机会。"当包丹袋在其他店也开始使用时，这些店会给这位员工交纳一定的费用。在袁华强看来，管理者一个人的智慧是不够的，在海底捞很多富有创意的服务都是员工提出来的，因为他们离顾客最近。

在海底捞的内刊上，有两行让人印象深刻的字"倡双手改变命运之理，树公司公平公正之风"。事实上，海底捞非常重视创造公平公正的工作环境和"双手改变命运"的价值观。公司总经理袁华强认为，要想让员工在工作中充满热情和自信地去面对顾客，首先要给他们提供良好的工作和生活环境。海底捞服务员的月工资平均1300元，在同行中属于中等偏上，但其他福利加下来，员工的平均工资就达到了2000元。海底捞的员工都住在公司附近的正规公寓里，房间有 24 小时热水供应和空调设施。考虑到年轻员工喜欢上网，公司甚至为每套员工住房都安装了可以上网的电脑，从而减少员工因外出上网而可能遇到的各种风险。海底捞还在四川简阳建了一所私立寄宿制学校，海底捞员工的孩子可以免费在那里上学，只需要交书本费。2007 年春节，海底捞北京地区的 2000 多名员工还坐上公司统一租用的豪华大巴，一同去郊区享受温泉浴。另外，在海底捞工作满一年的员工，若一年累计三次或连续三次被评为先进个人，该员工的父母就可来公司探亲一次，往返车票公司全部报销，其子女还有三天的陪同假期，父母享受在店就餐一次。这一系列的福利计划体系的理念就是：海底捞永远把员工的利益和生活摆在第一位，企业会尽最大努力照顾好企业最重要的资产。

海底捞的管理层都是从基层提拔上来的，他们都有切身的体会，都了解下属的心理需求，这样，他们才能发自内心地关爱下属，给予员工工作上与生活上的支持和帮助，同时也得到员工的认可。袁华强每个月都要去员工宿舍生活三天，以体验员工的衣食住行是否舒适，以便及时改善。员工对他从来不叫"袁总"，而是亲切地唤作"袁哥"。在海底捞，店长也可以跟普通员工一起，去给客人端锅打扫。海底捞的基础服务员就可以享有打折、换菜甚至免单的权力，只要事后口头说明原因即可。"因为相对于高层管理人员，每天与顾客直接打交道的只能是普通员工，顾客愿意来海底捞，并不是因为创始人，也不是因为我，而是因为和他们面对面接触的那些员工。"袁华强这样说道。

海底捞的不少员工之间都有亲属关系，这在许多企业都是很忌讳的，甚至是明令禁止。但是海底捞董事长张勇却认为，"正因为员工在海底捞获得了尊重和认可，同时他也认可了这里的工作环境与和谐的氛围，他才会介绍亲戚朋友们来"。海底捞现有的管理人员全部是从服务员、传菜员等最基层的岗位做起，公司会为每一位员工提供公平公正的发展空间，如果你诚实与勤奋，并且相信自己"用自己的双手可以改变命运"这个理念，那么海底捞就是你的未来！每位员工入职前都会得到这样的告知。在海底捞，只有两个岗位有学历方面的特殊要求——技术总监兼办公室主任和财务总监兼物流董事长。这两个岗位是从外部招聘，对学历和专业管理水平都有较高的要求，其他的相应干部职位，即使对学历没有那么高的要求，但都具有勤奋、诚实和善良等素质要求。对于新招聘来的员工，海底捞有一套独特的培训方法。在海底捞，最常用的培训方法就是言传身教。一种是理论培训，即一位老师讲，很多学生听；另一种是在实践中学习，即一位师傅带一个徒弟。海底捞还成立了培训学校，公司的高管请来教授，把自己多年的经营管理经验编成了统一的教材，在培训学校中用统一的培训内容来对优秀员工进行培训。

海底捞还建立了以顾客和员工为核心的绩效考核制度。海底捞考核一个店长或区域经理的总体标准只有两个——顾客满意度和员工满意度。它对干部的考核非常严格，考核分成多个项目，除了业务方面的内容外，还有创新、员工激情、顾客满意度、后备干部的培养，每项内容都必须达到规定的标准。这几项不易评价的考核内容，海底捞都有自己的衡量标准。海底捞的分店分布在各地，分配结果又都是各店自己报上来的，那么，如何保证每位管理者都能真正做到公平公正呢？张勇认为，"有不公平的可能，但是千万不要太明显，他的一切作为必须让绝大多数员工接受，如果大家不能接受的话，他的领导力与影响力会下滑，业绩也会下滑"。此外，海底捞有一个公开的信息源监督制度，每一个分店都会选举两个普通员工作为信息源，对本店管理方面出现的一些问题以书面形式向总部反映，每个月都必须提交,张勇看过后,再转到监察部备案、核实。如果确定反映的情况属实,就会转给该部门的领导进行处理。

可以说,正是海底捞的经营理念及其独特的人力资源管理实践,带来了海底捞的红红火火。

资料来源:刘琼.海底捞:创新服务捞出"回头客"的利润.经理日报,2010-09-29,(7);邓婕.海底捞捞出真经,梦想不是水中月.人力资源管理,2008,(1):79-81

思考题:

1. 海底捞的人力资源管理实践中体现了哪些全面薪酬的思想?

2. 据报道,人工成本在海底捞这种餐饮企业中占 20%～30%,而海底捞的人工成本又是同类企业的两倍,海底捞怎样才能在这种情况下保持自己的竞争力?

参 考 答 案

一、单项选择题

1. A	2. D	3. D	4. C	5. B
6. B	7. A	8. D	9. D	10. C

二、简答题

1. 战略性薪酬管理的核心是薪酬战略,是企业长期、整体的关于薪酬管理的设想和行动方案,是以企业发展战略为依据,根据企业某一阶段的内部、外部总体情况,正确选择薪酬策略,系统设计薪酬体系并实施动态管理,使之促进企业战略目标实现的活动。

2. 影响薪酬战略的因素包括民族因素、组织结构、组织文化、组织生命周期和外部环境因素。

3. 全面薪酬战略的主要特征包括战略性、激励性、灵活性、创新性和沟通性。

4. 组织战略的特点包括全局性、长远性、纲领性、风险性、阶段性和竞争性。

5. 组织生命周期包括成长阶段、成熟阶段和衰退阶段。

三、论述题

1.(1)支持战略。支持战略是指承担不同职能和任务目标员工的薪酬水平应当支持公司的战略目标;应该与人力资源战略和目标正确配合,能够促进员工的行为与组织目标相符合。

(2)公平。公平是薪酬制度的基础。"公平对待所有员工"或"按劳分配""同工同酬",这些表述反映了对公平的关注。它强调在设计薪酬制度时,确保薪酬体系对所有的员工都公平。它包括分配结果公平和决定分配结果的程序公平。

（3）合法。"合法"作为薪酬决策的目标之一，就是要遵守各种全国性的和地方性的法律法规。这是维持和提高企业信誉的关键，也是吸引优秀人才的关键。为了维护良好的信誉，确保绩效工资制度与薪酬法律相吻合是必要的。

（4）市场竞争。支付符合劳动力市场水平的薪酬，确保企业的薪酬水平与类似行业、类似企业的薪酬水平相当，虽然不一定完全相同，但是相差不宜太大，薪酬太低会使企业对人才失去吸引力。市场竞争的工资体制代表适合公司目标的薪酬政策。

（5）激励。适当拉开员工之间的薪酬差距。根据员工的实际贡献付薪，并且适当拉开薪酬差距，使不同业绩的员工能在心理上觉察到这个差距，并产生激励作用：使业绩好的员工认为得到了激励，业绩差的员工认为值得去改进绩效，以获得更好的回报。

2．（1）基于岗位的薪酬模式。此种薪酬模式，主要依据岗位在企业内的相对价值为员工付酬。对职位本身的价值做出客观评价，再根据这种评价的结果来赋予承担这一职位工作的人与该职位的价值相当的薪酬决定制度。

（2）基于绩效的薪酬模式。如果在确定薪酬时，主要是依据绩效结果，那么这就是基于绩效的薪酬模式。近年来，随着商业环境的竞争加剧，按绩效付酬的趋势越来越显著。举一个最显著的例子，高层经理人的收入的大部分来源不再是基于岗位在企业中的相对价值，而是企业整体绩效的提升。这部分绩效收入可以是以风险奖金的形式，也可以是股权激励的形式，如分红、股票期权收入等。

（3）基于技能的薪酬模式。技能薪酬模式也称能力薪酬模式，是指根据一个人所掌握的与工作有关的技能、能力及知识的广度和深度支付基本薪酬的一种薪酬制度。这种薪酬制度的特征是：组织更多的是依据员工所拥有的工作相关技能和能力，而不是其承担的具体工作或职位的价值来对他们支付薪酬，并且员工的薪酬上涨也取决于员工个人所掌握的技能和能力水平的上升或改善。

（4）基于市场的薪酬模式。市场工资制是根据地区及行业人才市场的薪酬调查结果，来确定岗位的具体薪酬水平。至于采取高于、等于或是低于市场水平，要考虑企业的赢利状况及人力资源策略，总之是主要参照市场来定工资。这种薪酬制度不仅鼓励员工在企业内部进行薪酬公平性的比较，而且也会使员工提升自己的技能和能力，以达到市场认可的综合能力水平。

（5）宽带薪酬模式。宽带薪酬又称海氏薪酬制，是由美国薪酬设计专家艾德华·海于1951年研究开发出来的。宽带薪酬就是将企业原来较多的薪酬等级压缩成几个级别，同时将同一级别内的薪酬活动范围扩大，从而形成了一种新的薪酬管理系统及操作流程。虽然组织的薪酬等级减少了，但每个薪酬等级内的最高值与最低值的区间变动范围却扩大了，这将更有利于对员工的激励，充分体现组织对员工的尊重。

（6）基于年功的薪酬模式。在这种工资制度下，员工的工资和职位主要是随年龄和工龄的增长而提高。中国国有企业过去的工资制度在很大程度上带有年功工资的色彩，虽然强调技能的作用，但在评定技能等级时，实际上也是论资排辈。年功工资的假设是：服务年限长导致工作经验多，工作经验多，业绩自然会高；老员工对企业有贡献，应予以补偿。其目的在于鼓励员工对企业忠诚，强化员工对企业的归属感，导向员工终生服务于企业。在人才流动低、终身雇佣制环境下，如果员工确实忠诚于企业并不断进行创新，企业也可以实施年功工资制。其关键在于外部人才竞争环境应比较稳定，否则很难成功地实施年功工资。

3．（1）战略导向原则。战略导向原则强调企业设计薪酬时必须从企业战略的角度进行分析，制定的薪酬政策和制度必须体现企业发展战略的要求。

（2）经济性原则。薪酬设计的经济性原则强调企业设计薪酬时必须充分考虑企业自身发展的特点和支付能力。它包括两个方面的含义，短期来看，企业的销售收入扣除各项非人工（人力资源）费用和成本后，要能够支付起企业所有员工的薪酬；从长期来看，企业在支付所有员工的薪酬及补偿所用非人工费用和成本后，要有盈余，这样才能支撑企业追加和扩大投资，获得企业的可持续发展。

（3）体现员工价值原则。现代的人力资源管理必须解决企业的三大基本矛盾，即人力资源管理与企业发展战略之间的矛盾、企业发展与员工发展之间的矛盾和员工创造与员工待遇之间的矛盾。因此，企业在设计薪酬时，必须要能充分体现员工的价值，要使员工的发展与企业的发展充分协调起来，保持员工创造与员工待遇（价值创造与价值分配）之间短期和长期的平衡。

（4）激励作用原则。激励作用原则就是强调企业在设计薪酬时必须充分考虑薪酬的激励作用，即薪酬的激励效果。这里涉及企业薪酬（人力资源投入）与激励效果（产出）之间的比例代数关系，企业在设计薪酬策略时要充分考虑各种因素，使薪酬的支付获得最大的激励效果。

（5）相对公平原则。内部一致性原则是斯密公平理论在薪酬设计中的运用，它强调企业在设计薪酬时要"一碗水端平"。

（6）外部竞争性原则。外部竞争性原则前文已经提到过，它强调企业在设计薪酬时必须考虑到同行业薪酬市场的薪酬水平和竞争对手的薪酬水平，保证企业的薪酬水平在市场上具有一定的竞争力，能充分地吸引和留住企业发展所需的战略性、关键性人才。

4．（1）及时考核和随时反馈个人绩效、团队绩效和公司目标进展情况。通过及时考核和随时反馈，可使员工得知自己的绩效水平，对绩效好坏做出判断，以调整自己的行为，这有利于提高员工自己的绩效水平和公司的效率。否则，员工们将不知道自己哪方面出了问题，自己哪方面应该努力，也将无从提高自己的绩效。

（2）考核指标必须为薪酬提供依据，考核结果要有意义。如果绩效只是被考核了，但考核结果没什么意义，没什么价值，那么由此得到的数据也就失去了作用，对员工的行为也就没什么影响。如果经常得到负反馈，则员工可能会对数据进行抵制或提出反驳。相反，如果员工得到的是正反馈，那么便会去理解并能激发热情。因此，考核指标及其产生的数据应该能够强化绩效，创造一种正向反馈。

（3）保持薪酬制度与企业战略类型相适应。战略薪酬必须与企业的经营战略类型具有高度的相容性，一般而言，企业经营战略表现为低成本战略、差异化战略和专一化战略，不同的战略类型需要不同的薪酬制度与之相匹配。

（4）保持薪酬制度与企业战略态势相适应。根据行业成长特性和企业内部特点，企业的战略态势可能呈现出稳定发展、快速发展和收缩等三种不同的发展趋势。薪酬制度的设计和调整应与企业战略态势相适应。

（5）企业不同发展阶段薪酬设计的策略选择合理。除了行业特点和企业的经营战略影响企业的薪酬组合以外，企业所处的生命周期和成长战略也是决定企业薪酬的主要因素。多数企业的成长都要经历投入期、成长期、成熟期和衰退期。在不同的成长阶段企业一般会选择不同的薪酬策略与之相适应。

5.（1）评估薪酬的意义和目的。要求了解企业所在的行业情况，以及企业计划怎样在此行业中竞争，公司对待员工的价值观也反映在公司的薪酬战略之中。此外，社会、经济和政治环境同样影响薪酬战略的选择。员工的薪酬需要是多种多样的。通常年纪较大的员工对现金的需求较弱，较重劳保和福利条件，而年纪较轻的员工有较强的现金需求，他们要买房子或者要支持家庭，较看重高工资收入。应考虑员工不同的薪酬需要，制定灵活的薪酬战略。

（2）开发薪酬战略，使不同企业经营战略和环境相匹配。通过对企业所处的内外环境和经营战略的分析，开发支持企业经营战略、提升企业竞争优势的薪酬战略。

（3）实施薪酬战略。通过设计薪酬体系来实施薪酬战略，薪酬体系是将薪酬战略转变成薪酬管理的实践。

（4）对薪酬战略和经营战略匹配进行再评价。企业所处的环境不断变化，经营战略也相应在不断变化，因而薪酬战略就必须随之而变。为确保这点，定期对薪酬战略和经营战略匹配进行再评估就成为必要。

四、案例分析

1. 公司认为，要想让客户满意，就必须使自己的员工满意，所以对于薪酬方面实行的是全面薪酬。首先表现出的是对员工的赏识和认可，从包丹袋中可以看出。其次是为员工提供的福利好，房间有 24 小时热水供应和空调设施，还为每套员工住房安装了可以上网的电脑、乘坐豪华大巴去郊区享受温泉浴等。再次表现在善于协调员工工作和生活的平衡，建立私立寄宿学校，海底捞员工的孩子可以免费上学，只要交书本费；累计三次被评为先进个人，父母可以探亲一次，车费报销，子女有三天陪同假，父母享受在店就餐一次等优待。最后表现在为员工开发职业发展机会，因为海底捞的管理层都是从最基层提拔上来的，有公平的发展空间，还有学习的机会。

2. 虽然海底捞的人工成本高，但是它也以员工的创新点、行业中没有的小创意吸引顾客的眼球，以及热情、殷切的服务让顾客满意取胜，以此来保持自己的竞争力。（答案不唯一）

第6章 薪酬激励计划

考核内容

通过对本章内容的学习，掌握薪酬激励的基本理论和其包含的各方面内容，企业的价值创造与价值管理，重点掌握激励对价值创造的持续驱动作用，薪酬激励的几种模式，并对薪酬的激励效果进行评估。

考核的关键知识点包括：①薪酬激励的概念和原理；②价值创造与薪酬激励；③薪酬激励的模式；④薪酬激励类型；⑤常见的薪酬激励模式；⑥薪酬激励的效果评估；⑦薪酬激励制度的特点。

本章要点

1. 薪酬是指员工为企业提供劳动或劳务而得到的报偿，它包括工资和奖金、福利、津贴、股份等具体形式，属于经济类报酬。

2. 对于激励我们至少应该明确以下几点：一是激励是根据人的需要，科学地运用一定的外部刺激手段，激发人的动机，使人始终保持兴奋状态，朝着期望的目标积极行动的过程。这一过程需要处理好目标、需要和行为这三者之间的关系。二是激励不仅是一种心理过程，而且更是一种管理手段，是人力管理资源和开发的一条基本途径。三是激励是一个动态概念，是员工的积极性被调动、潜能被挖掘并释放的过程。

3. 激励理论主要有两种类型：内容型激励理论和过程型激励理论。

4. 内容型激励理论集中研究人们行为的动因，说明什么事物会激励人们采取行动、管理人员如何了解和激发雇员的行为，主要有马斯洛的"需要层次理论"、阿尔德佛的"ERG需要理论"、麦克利兰的"成就激励论"、赫茨伯格的"双因素理论"。

5. 过程型激励理论主要研究影响人们行为的因素之间的关联及其相互作用的过程，代表性的理论是期望理论、公平理论。

6. 企业的价值链管理可以具体表述为价值创造、价值评价和价值分配三个方面。其中价值创造设计企业价值的来源，解决的是谁创造企业价值的问题。

7. EVA的基本含义是要求公司的剩余收入必须大到能够弥补投资风险，或者说EVA是企业净经营利润减去所投入的所有资本的费用后的差额。它是一个考虑了资本机会成本的经济利润概念，而不再单纯是会计利润概念。

8. 业绩股票是股权激励的一种典型模式，指在年初确定一个较为合理的业绩目标，如果激励对象到年末时达到预定的目标，则公司授予其一定数量的股票或提取一定的奖励基金购买公司股票。

9. 股票增值权是指上市公司授予激励对象在一定的时期和条件下，获得规定数量的股票价格上升所带来的收益的权利。

10. 股票期权是以股票为标的物的一种合约，期权合约的卖方（也称立权人）通过收取权利金将执行或不执行该项期权合约的选择权让渡给期权合约的买方（也称持权人）。

11. 虚拟股票是指公司授予激励对象一种"虚拟"的股票，激励对象可以据此享受一定数量的分红权和股价升值收益。

12. 管理层收购是指目标公司的管理者与经理层利用所融资本对公司股份的购买，以实现对公司所有权结构、控制权结构和资产结构的改变，实现管理者以所有者和经营者合一的身份主导重组公司，进而获得产权预期收益的一种收购行为。

13. 延期支付计划也称延期支付，是指公司将员工的部分薪酬，特别是年度奖金、股权激励收入等按当日公司股票市场价格折算成股票数量，存入公司为员工单独设立的延期支付账户。

14. 员工持股计划，是员工所有权的一种实现形式，是企业所有者与员工分享企业所有权和未来收益权的一种制度安排。

同步综合练习题

一、单项选择题

1. （   ）也称雇主歧视理论，主要分析劳动力市场上的就业歧视现象，该理论是对工资差别的非经济因素和外资因素的一种理论解释。

   A. 劳资谈判工资理论   B. 劳动力市场歧视理论

   C. 均衡价格工资理论   D. 边际生产力工资理论

2. 下列属于过程型激励理论的是（   ）。

   A. 需要层次理论   B. 期望理论

   C. 双因素理论   D. 成就激励论

3. （   ）是指充分了解知识员工的创新精神和创造潜力，使知识员工在完成组织目标的过程中实现自己的价值。

   A. 激励   B. 控制   C. 管理   D. 薪酬

4. 最低工资理论这一理论最初是由古典经济学家（   ）提出的。

   A. 威廉·配第   B. 魁奈   C. 杜尔格   D. 亚当·斯密

5. （   ）是由美国心理学家弗鲁姆于1964年率先提出的。

   A. 成就激励论   B. 双因素理论

   C. ERG需要理论   D. 期望理论

6. 高科技企业的常用的薪酬激励模式是（   ）。

   A. 虚拟股票   B. 延期支付   C. 业绩股票   D. 现金激励

7. 以下哪项不是业绩股票激励模式的优点（   ）。

   A. 能够激励公司高管人员努力完成业绩目标

   B. 具有较强的约束作用

   C. 业绩股票符合国内现有法律法规，符合国际惯例，比较规范，操作性强

   D. 股权形式虚拟化

8. 以下哪种不是员工持股计划的主要类型（   ）。

   A. 福利型员工持股   B. 风险型员工持股

   C. 集资型员工持股   D. 激励型员工持股

9. 在薪酬激励效果评估中最重要、最困难的是（   ）。

   A. 经济效能   B. 满意效能

   C. 市场效能   D. 激励效能

10. 以下哪个不是薪酬激励制度的特点（   ）。

    A. 战略性   B. 灵活性   C. 激励性   D. 广泛性

二、简答题

1. 激励理论主要包括几种类型，这些类型的代表理论有哪些？

2. 不同学者对激励表述不同，但对于激励我们至少应该明确哪几点？

3. 现代薪酬理论包括哪些理论？

4. 薪酬激励可以分为哪些类型?

5. 股票期权激励的基本要素是什么?

三、论述题

1. 试论述需要层次理论的基本观点和启示。

2. 乔治·T. 米尔科维奇(George T. Milkovich)、杰里·M. 纽曼从社会、股东、雇员和管理者四个角度是如何对薪酬的内涵进行阐述的?

3. 论述不同类型员工持股的差异性。

4. 论述薪酬激励的基本原则。

5. 如何评价企业的薪酬激励制度的效果?

四、案例分析

雅芳公司为员工提供如下薪酬激励:

(1) 购物折扣,全体雅芳员工在购买供个人和家庭使用的雅芳产品时可享有低于顾客价的优惠。

(2) 员工服务奖,雅芳将鼓励并表彰长期服务于雅芳并为雅芳的成功做出贡献员工的忠诚和奉献精神,公司将会为在雅芳服务5年(及5年的倍数)所有正式员工颁发员工服务奖。

(3) 其他福利,雅芳分享新婚员工的快乐,并为生育第一个孩子的员工发放适当的贺金,遇到员工生日,部门同事也会为其庆祝。

(4) 薪酬,公司每年都进行薪酬调查,根据劳动力市场和外部环境情况,并结合公司的经营状况及员工个人的绩效进行探讨,以使雅芳员工的薪酬具有相当的竞争力。

(5) 全球雅芳公务出差保险,这是全球雅芳员工享有的一项福利计划,全部保险费由雅芳支付。在员工为雅芳公务出差时自动受保。例如,员工在公务期间发生意外事故,此保险计划将根据员工的受伤或损失程度为员工的家人提供最高不超过5年年薪的公务出差保险补偿。

(6) 医疗福利,雅芳会按政府要求及外部环境变化,及时调整员工医疗政策以确保雅芳员工的医疗福利符合政策规定,并在市场上具有相当的竞争力。

思考题:

1. 试分析雅芳公司薪酬激励的特点。

2. 请你给雅芳公司的薪酬制度设计者提出自己的建议。

参 考 答 案

一、单项选择题

1. B	2. B	3. A	4. A	5. D
6. A	7. D	8. D	9. D	10. D

二、简答题

1. 激励理论主要有两种类型：内容型激励理论和过程型激励理论。

内容型激励理论集中研究人们行为的动因，说明什么事物会激励人们采取行动、管理人员如何了解和激发雇员的行为，主要有马斯洛的"需要层次理论"、阿尔德佛的"ERG 需要理论"、麦克利兰的"成就激励论"、赫茨伯格的"双因素理论"。

过程型激励理论主要研究影响人们行为的因素之间的关联及其相互作用的过程，代表性的理论是期望理论、公平理论。

2. 一是激励是根据人的需要，科学地运用一定的外部刺激手段，激发人的动机，使人始终保持兴奋状态，朝着期望的目标积极行动的过程。这一过程需要处理好目标、需要和行为这三者之间的关系。这三方面相互关联、循环往复，不断提高。薪酬激励的过程可以用图 6-1 来表示。

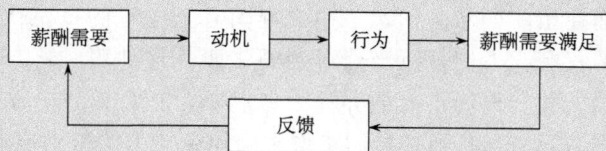

```
薪酬需要 → 动机 → 行为 → 薪酬需要满足
                              ↑
              ← 反馈 ←
```

图 6-1 薪酬激励过程

二是激励不仅是一种心理过程，而且更是一种管理手段，是人力管理资源和开发的一条基本途径。

三是激励是一个动态概念，是员工的积极性被调动，潜能被挖掘并释放的过程。激励的效果与员工对工作的积极性程度，以及提高员工工作的绩效紧密相关，或者说员工的工作积极性和工作绩效是随着其所受到的激励程度的变化而变化的。

3. 现代薪酬理论包括人力资本理论、效率工资理论、分享经济理论和知识资本理论。

4. 薪酬激励有三种类型：①个体激励型。基于不同的群体可分为员工激励、技术人员激励和经营者激励等不同类别，主要是基于个人对企业的贡献而采取的不同激励形式，如发放红利、奖金或者赠予股票期权等。②团队激励型。它是基于团队对企业的贡献发放奖金和其他奖励，主要采取的方式是收益分享。③员工对企业的特殊贡献。例如，员工对企业经营而提出的合理化建议，重大的技术和管理创新贡献等，为此而采取的一次性嘉奖。

5. 股票期权激励的基本要素包括激励主体、激励对象、有效期、行权价和授予数量。

三、论述题

1. 需要层次理论的基本观点为，人的行动是由动机引起的，而动机又是由人的需要决定的。因此，首先要把需要变成目标，从需要出发激发人们的行为动机，引导其行为。马斯洛认为，人类的需要以层次形式出现，较低层的基本需要满足之后，人们才能上升到另一层次的需要追求。

（1）生理需要。它包括衣、食、住、行、用等，它是维持人们生命所必需的。

（2）安全需要。它包括人身安全，还包含经济保障及环境的稳定性和可预知性。

（3）社会需要。它包括感情、友谊、群体归属感和社会承认等。

（4）对尊重的需要。它包括权力、工作地位、社会身份、个人声誉、上级器重等。

（5）自我实现的需要。它是指人们希望最大可能地实现自我和充分发挥自己所能的欲望。每个人都力图实现其全部潜能，包括自我成就、自我发展及创造力的充分发挥。

马斯洛的需要层次理论的启示：管理者在设计薪酬制度时，应针对员工不同的需求给予激励，才能最大限度地收到效果。

2.一是从社会的观点看，薪酬差别是衡量社会公平的标准。例如，男性薪酬与女性薪酬的比较研究所突显的薪酬决策差别，以及不同国家和地区之间的薪酬差异等问题。

二是从股东的观点看，对股东而言，管理人员的薪酬，关系到企业的利益。在美国，通常以股票期权的方式把管理人员的薪酬与公司的财务状况联系起来。

三是从雇员的观点看，薪酬是对自己提供服务或圆满完成任务的回报。个人在工作中获得薪酬，是其收入和经济安全的主要来源，也是个人经济富足和社会愉快的一个重要的决定性因素。而在俄罗斯和中国，一些大型国有企业里的员工认为，薪酬不是交换或回报，而是他们的权利，他们理所当然得到的东西。这种薪酬不与他们的工作绩效挂钩，也与企业的业绩无关。他们不能抛弃计划体制下形成的观念，来迎接自由的、具有不确定性的市场经济。政府通常通过控制工作来确保劳动力队伍的稳定。

四是从管理者的观点看，薪酬是一项主要的费用。薪酬是影响雇员工作态度、工作行为方式及组织业绩的因素。雇员得到薪酬的方式影响他们的工作质量和对顾客需求的关注程度，影响他们自愿灵活处理事物、学习新技能，以及提出创新和改进建议的积极性，甚至影响他们利用工会或法律对抗雇主的倾向。总之，薪酬决策影响组织的生产能力和效益。不同的薪酬决策是企业获得并保持竞争优势的源泉。

3.各类型的员工持股都有激励员工的作用，但又有各自的特点和利弊，其差异性主要体现如下：

（1）福利型的员工持股，侧重于把员工持股与养老保险和社会保险结合起来，为员工增加收益，从而解决员工退休后的后顾之忧，起到激励员工长期为企业尽心尽力工作的作用。不足之处是易使员工产生福利收益固定化的思想，不利于发挥其应有的激励作用。

（2）风险型的员工持股，主要通过员工出资购买或以降薪换取企业股份，并规定较长期限内不能转让兑现来建立风险共担、利益共享的机制。但风险过大，时间过长，可能使员工对预期的收益目标失去信心。

（3）集资型员工持股，其初衷是企业通过员工出资来缓解资金不足的矛盾，实现个人利益与企业发展的结合。它在那些经营缺乏资金、一时又难以通过贷款解决的中小企业采用较多，实施前要充分考虑风险性和员工的承受力。

4.薪酬激励的基本原则包括实事求是原则、公平公正原则、按需激励原则、内在激励与外在激励相结合原则。应适当进行展开说明。

5.从经济效能、满意度效能、市场效能进行分析。应适当进行展开说明。

四、案例分析

（答案略）。

第7章 基于职位的薪酬管理体系

考核内容

通过对本章内容的学习，了解职位/岗位薪酬管理体系的概念、特点和功能；理解职位/岗位薪酬管理体系的优缺点，实施职位/岗位薪酬管理体系的条件；掌握岗位薪酬的功能，职位/岗位薪酬管理体系的设计流程。

考核的关键知识点包括：①职位/岗位薪酬管理体系的相关概念；②实施职位/岗位薪酬管理体系的条件；③职位/岗位薪酬管理体系的特点；④职位/岗位薪酬管理体系的优缺点；⑤岗位薪酬的功能；⑥职位/岗位薪酬管理体系的设计思路和操作流程；⑦职位/岗位薪酬管理体系设计过程中应该注意的问题。

本章要点

1. 岗位薪酬是指以岗位为基础，以员工能力和工作业绩评价结果为依据，支付给不同岗位的员工的报酬总和，以表示对员工的劳动补偿和酬劳。岗位薪酬主要体现了岗位价值、员工能力与岗位的匹配程度及员工的岗位贡献，主要包括岗位工资、绩效工资、奖金、津贴或补贴、福利五大部分。

2. 职位/岗位薪酬管理体系是以职位为基础，通过搜集和归纳那些可以识别工作的相似性与差异性的信息（如不同职位的所要求的知识、工作难易、技术业务发展程度、责任大小、劳动繁重程度等条件），确定评价的要素，评估相对价值来确定薪酬等级，每个薪酬等级包含若干综合价值相近的一组职位，然后通过市场薪酬水平调查来确定每个薪酬等级的工资率，并在此基础上设定每个薪酬等级的薪酬范围，将相对价值转化为内部结构，从而建立起与职位相关的薪酬管理体系。

3. 实施职位/岗位薪酬管理体系的条件：①职位内容是否已经明确化、规范化、标准化；②职位的内容是否基本稳定；③是否具有按个人能力安排职位或工作岗位的机制；④是否存在相对较多的职级；⑤企业的薪酬水平是否足够高。

4. 职位/岗位薪酬管理体系的特点：①根据员工所担任的工作职位支付工资（员工干什么工作就领取什么样的相应工资），不考虑员工的工作要求以外的其他能力；②根据岗位（职位）评价的结果，确定各类职位的相对价值，规定相应的工资标准；③职位/岗位薪酬管理体系是一种相对稳定的薪酬管理体系；④有利于实现同工同酬，调动所有员工的积极性，但不利于用人单位根据任务需要及时调换员工的工作岗位，而且对员工工作能力变化的适应性也较差；⑤一般可以在每一个职位内再划分若干等级分别确定相应的工资标准；⑥在企业支付能力一定的情况下，尽量将基本薪酬水平紧密地与竞争性劳动力市场保持一致，以保证组织能够获得较高质量的人才。

5. 职位/岗位薪酬管理体系的优点：①有助于保证薪酬分配的内部公平性；②有利于提高员工积极性；③有效传导组织战略；④有利于降低管理成本，集权管理。

6. 职位/岗位薪酬管理体系的缺点：①缺乏灵活性和弹性，不利于激励员工；②不利于员工职业发展；③制约员工知识、技能提高。

7. 岗位薪酬的功能：①对员工的功能包括维持和保障的功能、激励功能。②对企业的功能包括两个方面。一是从经济学角度看，薪酬对企业具有保值增值功能。二是从管理学角度看，合理的薪酬设计和科学的薪酬管理，能够激励员工努力工作，为企业创造更多价值，促进企业的可持续发展。③对社会的功能包括对劳动力资源的再配置功能，实现劳动力资源的优化配置和调节人们择业的愿望和就业的流向。

8. 职位/岗位薪酬管理体系的设计思路：①以岗定薪，实现薪酬与岗位价值相挂钩；②进行市场薪酬调查；③量化业绩考核，将薪酬与考核结果紧密联系。

9. 职位/岗位薪酬管理体系的操作流程：①环境分析；②确定薪酬策略；③工作分析；④职位评价；⑤等级划分；⑥制度保障；⑦薪酬调查；⑧确定薪酬结构和水平；⑨实施与反馈。

10. 环境分析就是要通过调查分析，了解企业所处的内外环境的现状和发展趋势，它是薪酬设计的前提和基础。薪酬策略要明确对员工本性的认识、对员工总体价值的认识、企业的基本薪酬制度和分配原则、企业的薪酬分配政策与策略，它的制定需要服从企业的总体经营战略和与之相关的其他人力资源管理策略，薪酬策略是薪酬设计的纲领。

11. 工作分析，又称职位分析，是全面了解某一工作的任务、责任、权限、任职资格、工作流程等相关信息，并对其进行详细说明与规范的过程。工作分析的内容可以简单地概述为 6W2H，即 what——该项工作的活动是什么；why——该项工作的目的是什么；when——该项工作的时间；where——该项工作的地点；who——完成该项工作的人员；whom——该项工作的工作关系；how——该项工作达到目的的途径；how much——工作完成的程度。

12. 工作分析的具体实施步骤：①准备阶段；②调查阶段；③分析阶段；④完成阶段。工作分析的方法包括：①访谈法；②问卷调查法；③观察法；④工作日志法；⑤资料分析法；⑥任务调查表法；⑦关键事件法；⑧工作实践法。

13. 职位评价就是通过工作分析，在获取相关职位信息的基础上，对不同职位工作的难易程度、职权大小、任职资格的高低、工作环境的优劣、创造价值的多少等进行比较，确定其相对价值的过程。

14. 职位评价的操作流程：①确定评价目的阶段；②确定评价方案阶段；③确定评价方法阶段；④实施评价阶段。职位评价的方法包括：①排序法；②归类法；③因素比较法；④要素计点法；⑤海氏评估法。

15. 薪酬调查是企业通过搜集、分析市场薪酬信息和员工关于薪酬分配的意见、建议来确定或者调查企业的整体薪酬水平、薪酬结构、各具体职位的薪酬水平的过程。薪酬调查的目的是保证薪酬设计的外部公平性和竞争性，吸引和留住人才。

16. 薪酬结构是薪酬管理体系的骨架，有广义和狭义之分：狭义的薪酬结构是指同一组织内部不同职位薪酬水平的对比关系，广义的薪酬结构还包括不同薪酬形式在薪酬总额中的比例关系。一个完整的薪酬结构应包括薪酬的等级数量、同一薪酬等级内部的薪酬变动范围（最高值、中间值和最低值）、相邻薪酬等级之间的交叉与重叠关系。

17. 薪酬水平是指组织整体平均薪酬水平，包括各部门、各职位薪酬在市场薪酬中的位置。薪酬水平策略包括：①领先型策略；②跟随型策略；③滞后型策略；④混合型策略。

同步综合练习题

一、单项选择题

1. 职位/岗位薪酬管理体系主要是针对（　　）的薪酬系统。
   A. 基本薪酬　　　　　　　　　　B. 绩效薪酬
   C. 能力薪酬　　　　　　　　　　D. 技能薪酬

2. 目前，从世界范围来看，使用最多的是（　　）。
   A. 职位/岗位薪酬管理体系　　　　B. 绩效薪酬管理体系
   C. 能力薪酬管理体系　　　　　　D. 技能薪酬管理体系

3. 职位/岗位薪酬管理体系最大的特点是（　　）。
   A. 每一个职位内划分了若干等级，并分别确定相应的工资标准
   B. 它是一种相对稳定的薪酬管理体系
   C. 员工担任什么样的职位就得到什么样的报酬
   D. 基本薪酬水平紧密地与竞争性劳动力市场保持一致

4. 工作分析的结果是（　　）。
   A. 组织设计报告　　　　　　　　B. 职位说明书
   C. 岗位评价说明　　　　　　　　D. 薪酬调查报告

5. 工作分析提供的主要信息可以概括为 6W2H，其中 how 是指（　　）。
   A. 该项工作的活动的内容　　　　B. 该项工作的工作关系
   C. 该项工作达到目的的途径　　　D. 该项工作的地点

6. 问卷调查法中的开放问卷又称为（　　）。
   A. 结构式问卷　　　　　　　　　B. 非结构式问卷
   C. 访问问卷　　　　　　　　　　D. 自填问卷

7. 关键事件法中的关键事件记录不包括（　　）。
   A. 关键行为的后果　　　　　　　B. 员工特别有效或多余的行为
   C. 导致事件发生的原因和背景　　D. 员工的工作内容与工作过程

8. 对于不同种类的职位，它的职位评价方案应该（　　）。
   A. 个性化　　　　B. 复杂化　　　　C. 普遍化　　　　D. 简单化

9. 海氏评估法的三要素不包括（　　）。
   A. 知识要素　　　　B. 技能要素　　　　C. 职责要素　　　　D. 创新要素

10. 针对规模较大的企业，一般采用以下哪一种薪酬水平策略（　　）。
    A. 混合型策略　　　　　　　　　B. 领先型策略
    C. 滞后性策略　　　　　　　　　D. 跟随性策略

二、简答题

1. 职位/岗位薪酬管理体系的概念是什么？
2. 实施职位/岗位薪酬管理体系的条件有哪些？
3. 职位/岗位薪酬管理体系的特点有哪些？

4. 职位/岗位薪酬管理体系的设计思路是什么？

5. 常用的职位评价方法有哪些？

三、论述题

1. 论述职位/岗位薪酬管理体系、技能薪酬管理体系及能力薪酬管理体系这三种薪酬管理体系的区别。

2. 论述职位/岗位薪酬管理体系的优点。

3. 论述职位/岗位薪酬管理体系的缺点。

4. 论述职位/岗位薪酬管理体系的操作流程。

5. 论述工作分析的实施步骤。

四、案例分析

奥康集团的职位/岗位薪酬管理体系

奥康集团是一家以皮鞋为主业，并涉足商贸房产、生物制品等领域，跨行业、跨区域发展的全国民营百强企业。集团公司现有员工 15 000 多人，在全国设立了 30 多个省级分公司、3000 多家连锁专卖店、800 多处店中店。

奥康采用职位薪酬管理体系，将所有职位进行评分、分级，并最终确定该职位的薪酬水平（表 7-1～表 7-7）。

表 7-1　总经理

岗位名称	总经理	岗位编号	0001
所在部门		岗位定员	
直接上级		工资等级	一级
直接下级	业务副总经理、行政人事部经理、财务部经理、事业发展部经理	薪酬类型	
所辖人员		日期	2010 年 11 月

领导制定和实施公司总体战略，完成上级主管部门、公司下达的年度经营目标；

推进公司质量管理体系建立、运行与评审，领导公司各部门建立健全良好的沟通渠道；

负责建设高效的组织团队，管理直接所属部门的工作；

行使对公司经营工作全面指导、指挥、监督、管理的权力，并承担执行各项规章制度的义务

表 7-2　行政副总经理

岗位名称	行政副总经理	岗位编号	0002
所在部门		岗位定员	
直接上级	总经理	工资等级	二级
直接下级	行政人事部经理	薪酬类型	
所辖人员	1 个中层	日期	2010 年 11 月

协助总经理，参与公司经营管理与决策；

领导制订企业行政、行政人事财务、人力资源等工作的工作计划，实现工作目标；

负责公司的内部管理系统正常运行；

领导公司行政事务工作，保障后勤支持；

领导人力资源管理工作的实施，为企业发展提供充足的人才供给和良好的人才环境

表 7-3 业务部经理

岗位名称	业务部经理	岗位编号	0003
所在部门	业务部	岗位定员	
直接上级	业务副总经理	工资等级	三级
直接下级	业务部副经理、业务员、开票员	薪酬类型	
所辖人员		日期	2010 年 11 月

协助业务副总经理进行营销战略规划，为重大营销决策提供建议和信息支持；

领导部门员工完成市场调研、市场开发、市场推广、购进、销售、客户服务等工作；

参与执行公司新产品推广工作；

负责业务部内部的组织管理；

经营工作过程中的质量管理

表 7-4 储运部经理

岗位名称	储运部经理	岗位编号	0004
所在部门	储运部	岗位定员	
直接上级	业务副总经理	工资等级	三级
直接下级	保管员、收货员、储运员、驾驶员、电梯操作员及保洁责任人、装卸搬运工	薪酬类型	
所辖人员		日期	2010 年 11 月

协助业务副总经理进行物流规划，为公司经营提供支持；

领导部门员工完成在库商品管理、库内合理分布、设施设备维护、质量管理、货品进出库管理、货品运输管理等工作；

质量管理工作，负责业务部内部的组织管理

表 7-5 行政专员

岗位名称	行政专员	岗位编号	0005
所在部门	行政人事部	岗位定员	
直接上级	行政人事部经理	工资等级	四级
直接下级		薪酬类型	
所辖人员		日期	2010 年 11 月

协助行政人事部经理保证公司内部管理体系的完整和平稳运行；

管理公司后勤服务工作；

处理公司与法律相关事务和重要文件的存档和保管规划；

完成行政人事部经理交办的其他任务

表 7-6 营业员

岗位名称	营业员	岗位编号	0006
所在部门	零售事业部	岗位定员	
直接上级	零售事业部经理、门店经理	工资等级	五级
直接下级		薪酬类型	
所辖人员		日期	2010 年 11 月

协助门店经理提供销售、品种结构建议和信息支持；
协助部门经理完成市场调研、市场开发与推广、商品调配、销售服务等工作；
参与执行公司新产品推广工作，日常工作；
经营工作过程中的质量管理；
完成零售事业部经理、门店经理交办的其他任务

表 7-7 保安

岗位名称	保安	岗位编号	0007
所在部门	行政人事部	岗位定员	
直接上级	行政人事部经理	工资等级	五级
直接下级		薪酬类型	
所辖人员		日期	2010 年 11 月

负责公司安全保卫工作；
负责安全、消防设施设备的使用维护工作；
维持、维护公司日常生活工作次序；
完成行政人事部经理交办的其他任务

通过对以上 7 个典型职位使用要素计点法进行评价，奥康制定了公司内部报酬要素定义及等级划分，并进一步确定了各等级、各职位的薪酬水平（表 7-8～表 7-13）。

表 7-8 职位评价内容及评分标准

评价内容		评分标准					权重
		5 分	4 分	3 分	2 分	1 分	
业绩表现		业绩超过目标，表现杰出	业绩达到目标，表现良好	业绩未完全达到目标，表现合格	业绩与目标有一定差距，表现较差	业绩与目标有很大差距，表现不合格	40%
个人能力	技能	各方面技能非常突出	各方面技能较突出	各方面技能达到标准水平	各方面技能较弱	各方面技能弱	10%
	沟通	沟通的频率高，方法多样，目的明确，外部沟通广泛	沟通的频率高，方法简单，外部沟通广泛	沟通的频率一般，目的明确，外部沟通广泛	沟通的频率低，外部沟通不广	专注自己的工作，几乎不与别人进行沟通	10%
	自主性	自我调控能力强	自我调控能力较强	自我调控能力一般	自我调控能力较弱	自我调控能力弱	10%
相关行业工作经验		相关工作资历≥8 年	8 年＞相关工作资历≥5 年	5 年＞相关工作资历≥3 年	3 年＞工作资历≥2 年	2 年＞相关工作资历	20%
学历		硕士及以上	本科	大专	中专、高中、职高	初中及以下	10%

表 7-9　报酬要素等级点值界定

报酬要素	合计	等级				
		1	2	3	4	5
业绩表现	400	80	160	240	320	400
技能	100	20	40	60	80	100
沟通	100	20	40	60	80	100
自主性	100	20	40	60	80	100
相关行业工作经验	200	40	80	120	160	200
学历	100	20	40	60	80	100
总计	1000					

表 7-10　各职位评价点数

职位要素	业绩表现	技能	沟通	自主性	相关行业工作经验	学历	总点数
总经理	380	100	80	80	200	100	940
行政副总经理	320	77	70	77	180	100	824
业务部经理	280	66	70	60	150	80	706
储运部经理	280	66	60	70	145	80	701
行政专员	240	55	60	60	120	70	605
营业员	220	55	55	50	100	50	530
保安	200	60	50	50	100	40	500

表 7-11　职位点数汇总

序号	职位	总点数
1	总经理	940
2	行政副总经理	824
3	业务部经理	706
4	储运部经理	701
5	行政专员	605
6	营业员	530
7	保安	500

从表 7-11 可以看出本公司职位薪酬要素点值范围为 500～940，按职位点数以 100 点为限对职位进行初步分组，确定职位等级划分为 5 级，点数跨度为 100。

表 7-12　职位等级界定

职级	薪点范围	行政类	营销类	财务类	生产控制类	其他类
1	900 以上	总经理				
2	800～900	行政副总经理				
3	700～799		业务部经理		储运部经理	
4	600～699	行政专员				
5	500～599		营业员			保安

表 7-13　薪酬水平的确定

职级	一档月薪	二档月薪	三档月薪	四档月薪	五档月薪	档差
1	4500	5500	6500	7500	8500	1000
2	4000	4500	5000	5500	6000	500
3	3000	3250	3500	3750	4000	250
4	2500	2650	2800	2950	3100	150
5	1200	1350	1500	1650	1800	150

思考题：

1. 要素计点法的实施步骤有哪些？
2. 奥康集团设计职位薪酬体系的流程有哪些？

参 考 答 案

一、单项选择题

1. A	2. A	3. C	4. B	5. C
6. B	7. D	8. A	9. D	10. A

二、简答题

1. 职位/岗位薪酬管理体系是以职位为基础，通过搜集和归纳那些可以识别工作的相似性与差异性的信息（如不同职位的所要求的知识、工作难易、技术业务发展程度、责任大小、劳动繁重程度等条件），确定评价的要素，评估相对价值来确定薪酬等级，每个薪酬等级包含若干综合价值相近的一组职位，然后通过市场薪酬水平调查来确定每个薪酬等级的工资率，并在此基础上设定每个薪酬等级的薪酬范围，将相对价值转化为内部结构，从而建立起与职位相关的薪酬管理体系。

2. 实施职位/岗位薪酬管理体系的条件有以下几点：①职位内容是否已经明确化、规范化、标准化；②职位的内容是否基本稳定；③是否具有按个人能力安排职位或工作岗位的机制；④是否存在相对较多的职级；⑤企业的薪酬水平是否足够高。

3. 职位/岗位薪酬管理体系的特点有以下几点：①根据员工所担任的工作职位支付工资；②根据岗位（职位）评价的结果，确定各类职位的相对价值，规定相应的工资标准；③职位/岗位薪酬管理体系是一种相对稳定的薪酬管理体系；④工资与职位紧密挂钩；⑤一般每一个职位内再划分若干等级分别确定相应的工资标准，有最高工资标准；⑥将基本薪酬水平紧密地与竞争性劳动力市场保持一致，以保证组织能够获得较高质量的人才。

4. 职位/岗位的薪酬管理体系的设计思路是：①以岗定薪，实现薪酬与岗位价值相挂钩；②进行市场薪酬调查；③量化业绩考核，将薪酬与考核结果紧密联系。

5. 常用的职位评价方法有以下几种：排序法、归类法、因素比较法、要素计点法、海氏评估法。

三、论述题

1. 职位/岗位薪酬管理体系、技能薪酬管理体系、能力薪酬管理体系三者的区别主要有以下几个方面。①特点。职位/岗位薪酬管理体系以员工所从事的工作自身的价值为基础，技能薪酬管理体系以员工所掌握的技能水平为基础，而能力薪酬管理体系以员工所具备的能力为基础。②实施条件。在职位/岗位薪酬管理体系中，要建立一套规范、标准和具有时效性的职位说明书；能够很好地掌握和应用职位评价方法；职位的内容应基本稳定，短期内不会发生变动；企业应保持相对较多的职位级数和相对较高的薪酬水平。在技能薪酬管理体系中，企业内部的员工对所从事的工作具备深度和广度的技能；管理层对技能薪酬管理体系的认可；需要建立一套技能水平评估标准体系。在能力薪酬管理体系中，通常需要建立一套员工能力评估标准体系，即能力素质模型，对员工所具有的综合素质和能力进行测评，并根据评估得出的能力水平确定相应的薪酬等级。③适用范围。职位/岗位薪酬管理体系适用于内部职位级别较多、外部环境相对稳定、市场竞争压力不是很大的企业；就职位类别而言，比较适合职能管理类。技能薪酬管理体系适用于组织结构扁平化、管理职位较少、生产技术是连续流程性的企业；就职位而言，适合于技术类，尤其是基础研究类、部分操作类岗位。能力薪酬管理体系适用于处于初级阶段和处于高度竞争环境，强调个人成就理念的企业；就职位来说，适合于研发人员。

2. 职位/岗位薪酬管理体系的优点主要有以下几点：①有助于保证薪酬分配的内部公平性；②有利于提高员工积极性；③有利于有效传导组织战略；④有利于降低管理成本，集权管理。

3. 职位/岗位薪酬管理体系的缺点主要有以下几点：①缺乏灵活性和弹性，不利于激励员工；②不利于员工职业发展；③制约员工知识、技能提高。

4. 职位/岗位薪酬管理体系的操作流程有以下几个步骤：环境分析；确定薪酬策略；工作分析；职位评价；等级划分；制度保障；薪酬调查；确定薪酬结构和水平；实施与反馈。

5. 一般来说，工作分析的整个过程要经过以下几个步骤来完成：准备阶段、调查阶段、分析阶段和完成阶段。

(1) 准备阶段的任务主要有：①明确工作分析的目的；②确定所要搜集的信息类别；③选择工作分析的对象；④建立工作分析小组；⑤制定工作分析的规范；⑥对工作分析的开展进行宣传。

(2) 调查阶段的任务主要有：①选择信息来源；②按照选定的方法和程序进行信息搜集工作。

(3) 分析阶段的任务主要有：①整理资料；②审查资料；③分析资料。

(4) 完成阶段的任务主要有：①编写职位说明书；②对工作分析进行总结；③工作分析结果的实施。

四、案例分析

1. 要素计点法的实施步骤有：①进行工作分析，并成立工作评价委员会；②选择薪酬要素，并为这些薪酬要素建立起一个结构量化表；③根据这个评估量表对岗位在每个要素上的表现进行评估，得出岗位在每个要素上的分值，并汇成总的点数，再根据总点数在哪个职位级别的点数区间内，确定岗位的级别。

2. 设计职位薪酬管理体系主要有以下几个步骤：环境分析；确定薪酬策略；工作分析；职位评价；等级划分；制度保障；薪酬调查；确定薪酬结构和水平；实施与反馈。

结合案例进行具体分析。

第 8 章 基于人的薪酬体系

考核内容

通过对本章内容的学习，掌握基于人的薪酬体系的基本理论知识，包括薪酬体系的概念、起源发展、主要理论基础，能力薪酬体系和岗位薪酬体系的构成、特点、实施等内容。

考核的关键知识点包括：①基于人的薪酬体系的含义；②基于人的薪酬体系的发展和主要理论基础；③能力薪酬的概念、特点及其构成；④能力薪酬体系的设计、能力薪酬体系成功的关键因素；⑤岗位技能薪酬的概念、构成和特点；⑥岗位薪酬体系的优缺点、实施。

本章要点

1. 基于人的薪酬体系，是指组织根据一个人所掌握的与工作有关的技能、知识的深度和广度来支付基本薪酬的一种薪酬制度。相对于传统的以职位为基础的工资体系而言，以任职者为基础的工资体系是一种新兴的工资体系，它是在适应企业新的生存环境和帮助企业解决成长和发展中的一系列问题的过程中逐步兴起的。

2. 麦克利兰认为，人的工作绩效由一些更根本、更潜在的因素决定，这些因素能够更好地预测人在特定职位上的工作绩效，这些"能区分在特定的工作岗位和组织环境中绩效水平的个人特征"，就是"素质"，即胜任力。素质是员工潜在的特性，如动机、特质、技能、自我形象、社会角色、所拥有的知识等。这些因素决定着工作是否有效，决定着一个人是否能做出杰出的绩效。

3. 斯潘塞冰山模型，就是将人员个体素质的不同表现划分为浮出水面的"冰山可见部分"和深藏于水下的"冰山隐藏部分"。冰山水面以上部分包括基本知识、基本技能，是外在表现，是容易了解与测量的部分，相对而言也比较容易通过培训来改变和发展。冰山水面以下部分包括社会角色、自我形象、特质和动机，是人内在的、难以测量的部分。它们不太容易通过外界的影响而得到改变，但却对人员的行为与表现起着关键性的作用。

4. 能力薪酬，是指企业将员工拥有的相关能力和技术作为主要的支付依据，简单地说，就是不论员工在哪个职位工作，不论他实际做了哪些工作，只要他自身具备了一定的知识、技能和经验，企业就支付给他相应的薪酬。

5. 能力薪酬体系是指组织根据员工掌握的与工作有关的技能或知识的广度和深度来确定员工薪酬等级和水平的薪酬制度。它的优点包括：①更有利于鼓励和引导员工提升自己的知识、技能和能力，从而帮助企业提升人力资源的素质，培养员工的核心专长与技能；②打破了传统的职位等级的"官本位"，为员工提供了更多样化、更宽广的职业生涯通道；③在帮助员工提升核心专长和技能的基础上，能够有效支撑企业核心能力的培养，并为降低组织的成本和提升为顾客创造价值的能力提供帮助。缺点包括：①在鼓励员工通过提高能力获得薪酬增加的同时，带给组织成本的大幅度增加，而组织整体并没有获得相应的经济价值；②能力评价本身具有软性的特点，主观性较强，因此要保持这种工资模式的内部一致性难度较大，员工对这类工资的负面评价往往也较多；③它通常仅适合于以知识为主要竞争力的企业，对于大多数传统企业并不太适用；④它适用的职位类别相对较少，更多地适用于研发类和技术类人员。

6. 能力薪酬作为一个支付系统，包含了侧重于不同能力层次的工资计划，这些工资之间有着相应的联系和差异，同时还需要一些团队性的、可变的激励计划作为补充。能力薪酬方案的设计流程主要包括以下步骤：分析组织能力、建立员工素质模型、员工能力评价、确定能力薪酬体系。

7. 能力薪酬成功的关键包括：①"能力"的来源和前提一定要明确；②要基于组织的实际要求对"能力"进行清晰界定、分类和分级，建立自己的能力等级或序列系统；③基于能力等级建立相应的能力鉴定和认证机制；④能力薪酬并不适用于所有的员工和部门，在开发能力薪酬之前，最好先明确具体的激励对象；⑤能力薪酬必须与其他人力资源管理能力相匹配；⑥要根据组织的发展状态，适时对开发出来的能力体系进行维护、评审和调整，保证能力薪酬的实效性，以及运行上的动态灵活性；⑦在设计及推行能力薪酬方案的过程中，要保持与员工的充分沟通，创造强调参与、开放、学习及创新的企业文化氛围；⑧基于能力的基本工资计划往往针对个人且关注能力过程，因此，需要开发针对团队的分享计划，以及其他关注绩效结果的奖励计划对其进行补充；⑨能力薪酬的外部水平参照问题。

8. 岗位技能薪酬，是员工在各自岗位上因提供劳动和劳务而获得的报酬。它是以岗位为基础，以员工能力和工作业绩评价结果为依据，支付给不同岗位的员工的报酬总和，以表示对员工的劳动补偿和酬劳。其实质是一种公平的交易或交换关系，是员工在向单位让渡其劳动关系或劳务使用权后获得的报偿。

9. 岗位薪酬的构成项目选择主要为能体现岗位价值、员工能力与岗位的匹配程度及员工的岗位贡献，主要包括岗位工资、绩效工资、奖金、津贴或补贴、福利五大部分，区别在于不同岗位序列的薪酬构成项目的比重有所侧重。

10. 岗位薪资体系的优点：①实现了真正意义上的同工同酬；②有利于按照职位系列进行薪资管理，操作比较简单，管理成本较低；③晋升和基本薪酬增加之间的连带性增强了员工提高自身技能和能力的动力。岗位薪资体系的缺点：①当员工晋升无望时，也就没有机会获得较大幅度的加薪，其工作积极性必然会受挫，甚至会出现消极怠工或者离职的现象；②这不利于企业对多变的外部经营环境做出迅速反应，也不利于及时地激励员工。

11. 岗位技能薪酬体系的设计流程及步骤：①环境分析；②确定薪酬策略；③工作分析；④岗位评价；⑤等级划分；⑥制度保障；⑦市场薪酬调查；⑧确定薪酬结果与水平；⑨实施与反馈。

12. 岗位技能薪酬的关键决策主要有四个，它们是：①确立职位评价的目标；②确定使用单一计划还是多重计划；③在备选方法中做出选择；④获取利益相关者的参与。

同步综合练习题

一、单项选择题

1. 以人为基础的工资体系,是根据( )来确定员工的薪酬。
   A. 职位的价值大小
   B. 岗位的价值大小
   C. 员工具备的与工作相关的能力高低
   D. 员工的学历

2. 被誉为素质研究之父的是( )。
   A. 麦克利兰
   B. 德鲁克
   C. 斯潘塞
   D. 科斯

3. 能力薪酬体系的优点不包括( )。
   A. 更有利于鼓励和引导员工提升自己的知识、技能和能力
   B. 打破了传统的职位等级的"官本位"
   C. 为降低组织的成本和提升为顾客创造价值的能力提供帮助
   D. 适用于大多数传统企业

4. 能力薪酬体系的缺点不包括( )。
   A. 在鼓励员工通过提高能力获得薪酬增加的同时,带来组织成本的大幅度增加,而组织整体并没有获得相应的经济价值
   B. 能力评价本身具有软性的特点,主观性较强,要保持这种工资模式的内部一致性难度较大,员工对这类工资的负面评价往往也较多
   C. 通常仅适合于以知识为主要竞争力的企业,对于大多数传统企业并不太适用
   D. 不利于提高员工的工作积极性,甚至会出现消极怠工或者离职的现象

5. 广义的能力工资的主要构成计划不包括( )。
   A. 职位工资
   B. 技能工资
   C. 胜任力工资
   D. 知识工资

6. 技能工资一般来说主要用于从事( )的员工。
   A. 体力劳动
   B. 脑力劳动
   C. 专业技术劳动
   D. 计算机行业

7. 企业核心能力的主要来源包括( )。
   A. 流程、知识、员工和内外关系
   B. 流程、员工、创新和技术
   C. 流程、知识、技术和内外关系
   D. 流程、知识、创新和内外关系

8. 岗位薪酬的优点不包括( )。
   A. 实现了真正意义上的同工同酬
   B. 有利于按照职位系列进行薪资管理,操作比较简单,管理成本较低
   C. 更有利于鼓励和引导员工提升自己的知识、技能和能力
   D. 晋升和基本薪酬增加之间的连带性增强了员工提高自身技能和能力的动力

9. 岗位薪酬的缺点不包括( )。
   A. 薪资与职位直接挂钩,当员工晋升无望时,其工作积极性必然会受挫,甚至会出现消极怠工或者离职的现象

    B. 不利于企业对多变的外部经营环境做出迅速反应

    C. 不利于激发员工的工作积极性

    D. 不能够鼓励和引导员工提升自己的知识、技能和能力

10. 薪酬管理首先要考虑的最根本的原则是（　　　　）。

    A. 合法性原则　　　　　　　　　　B. 公平性原则

    C. 竞争性原则　　　　　　　　　　D. 互动性原则

二、简答题

1. 什么是基于人的薪酬体系？

2. 什么是能力薪酬？

3. 什么是岗位技能薪酬？

4. 简述岗位薪酬体系的优缺点。

5. 简述麦克利兰模型。

三、论述题

1. 论述能力薪酬的优缺点。

2. 论述能力薪酬体系的设计流程。

3. 论述能力薪酬成功的关键。

4. 论述岗位技能薪酬的构成。

5. 论述岗位技能薪酬的设计流程及步骤。

四、案例分析

从"以人定薪"到"以岗定薪"的转变

    A公司是一家集生产、开发、销售于一体民营企业，其经营的产品为电线电缆产品，这种产品是非常大众化的。公司从成立到现在已10多年了，到现在已发展为职工人数300人左右，年销售收入在1亿元的一家中小型企业。前几年国家投资农网、城网改造。受国家宏观环境与市场环境（地方保护政策）影响，公司效益不错。最近国家农网、城网改造结束，尤其是进入2002年，电线电缆行业的竞争已达到白热化的程度，各电缆厂家纷纷降价。公司领导层开始意识到目前这种情况下，像这种规模的企业在目前这种生存环境下是非常容易被淘汰的，针对这种情况，公司领导层决定，从国境线目前的产品着手努力，从管理上入手，进行了组织机构改革，专门设置了管理部。管理部的职能主要是：①负责总经理战略思想的宣传与贯彻；②负责公司管理制度的制定与监督执行；③负责公司人力资源的开发与管理；④负责公司信息化建设与管理。

    小王大学毕业以后，应聘到该公司，在车间实习了半年，调至公司办公室，公司办公室的业务工作不多，该公司组织机构实行三部一室（销售部、生产部、供应部、办公室）管理，办公室是抓内部管理，小王的主要工作就是协助办公室主任抓内部管理，包括制定管理制度，起草管理性文件。由于大学刚毕业，对企业的实际情况还不是很熟悉，所以制定出的管理制度、起草的管理文件大部分实施不下去。

    由于组织机构的调整，小王调至管理部，专门负责公司人力资源管理，小王深知，目

前公司的人力资源管理工作基础薄弱，人力资源管理观念淡化。公司其他部门人员反映："人力资源工作非常简单，无非就是办办手续、交交保险、算算工资，不需要什么高学历的人员，有中专学历就可以了。"

为了改变目前这种局面，小王首先通过问卷做了一个员工满意度调查，经过调查，小王了解到，员工对公司的不满意来自工资待遇方面的比较多。存在以下几个方面的现实情况：

（1）以前公司从各大专院校招来的专业技术人员，由于待遇方面的原因也都纷纷离开。

（2）公司培养出来的人员，由于工资方面的原因，被其他公司挖走了。

（3）干同样的工作，由于人员学历不同，工资待遇也不一样等。

鉴于目前这种情况，小王向公司提出要进行薪酬改革的建议，小王的提议得到了总经理的同意，总经理指出："目前我们公司的薪酬制度已不能满足公司发展的要求，最大的缺陷就是没有激励作用。"后来小王了解到，公司前两年曾进行过工资制度的改革，但是没有成功，最后没有实施。到现在小王深深地意识到工资改革不是一件简单的事情，涉及公司每个人的利益，如果搞不好，各种矛盾都会指向自己，小王感到压力巨大。

经过两周的详细调查，小王摸清了公司的薪酬制度现状：生产一线按产量计件；管理人员、技术人员、服务人员按职务与能力进行分配；销售人员按基本工资加销售提成进行分配。分配制度的依据是因人而异，是根据人来定的。

原有工资方案结构分为四部分：基础工资、补贴、技能工资、奖励工资。

（1）基础工资全公司都一样，按出勤天数核算。

（2）补贴分为学历补贴与企龄补贴，有学历的享受学历补贴，没有学历的不享受，企龄补贴按职工的入厂年限来确定。

（3）技能工资根据职工所担任的职务与个人所具有的能力水平来进行设定，技能工资表见表 8-1 和表 8-2。

表 8-1　管理、技术、服务人员技能等级表

职务	学历	技术岗位等级	月薪/元
总经理			1075
部长、总工、总经理助理			752.5
科长、车间主任	硕士		430
副科长			322.5
	本科		215
		技术一级	193.5
		技术二级	172
	专科	技术三级	150.5
科员一级		技术四级	129
科员二级		技术五级	107.5
科员三级		技术六级	86

表 8-2　车间一级技能工资等级表

技能等级	月薪/元
高级技师	322.5
技师	215
高级技工一类	172
高级技工二类	150.5
中级技工一类	129
中级技工二类	107.5
初级技工一类	86
初级技工二类	64.5

（4）管理、技术、服务人员的奖励工资为奖励基数乘以各自的奖励系数。管理、技术、服务人员每个人有一个固定的奖励系数，奖励系数是根据每人的岗位而确定的。车间一线的奖励工资为计件定额。

小王根据调查与研究，决定对工资方案进行步骤改革：第一，先对管理、技术、服务人员的薪酬制度进行改革；第二，对生产一线人员进行改革；第三，对销售人员进行改革。

对管理、技术、服务人员，小王提出的薪酬设计的思路如下：

（1）由以人定薪转变为以岗定薪。过去的工资方案是以人为依据来进行分配的，根据人的学历、知识的不同来设置不同的工资，这样的工资方案会给员工带来不公平的感觉，且又不会起到激励的作用，现在我们薪酬改革思路确定为：分配的依据是以岗位为基础，工资充分体现岗位的价值，等于把岗位拍卖给员工。

（2）同岗同酬、岗变薪变。过去的工资方案是根据人来设定的，所以即使同岗，也不一定同酬，员工的岗位发生变动时，其薪酬不变。这样就造成干同样的话，却拿不同的工资，多劳不一定多得，不劳不一定不得，严重地降低了职工劳动的积极性。现在我们改革的思路为：在什么岗位享受什么岗位工资，同岗同酬、岗变薪变，充分体现多劳多得，不劳不得。

（3）定薪之前要先进行定岗。由于以前我们的人力资源管理工作不到位，每一部门具体应该放置多少岗位，每一岗位究竟应该干什么，都没有相应的规定与说明。所以，我们要先从定岗开始，编制相应的岗位说明书，确定相应的岗位职责。

（4）实行竞争上岗，根据岗位的要求来进行定人，择优上岗。每个人根据自己的情况可以选取适合自己的岗位。公司根据岗位的要求来选取最佳的人选，进行双向选择。

根据薪酬改革的思路，小王设计出的管理、生产、技术人员薪酬改革方案如下：

（1）工资结构分为两部分：基础工资与岗位工资。

（2）基础工资全公司都一样，岗位工资根据不同的岗位设置不同的薪酬，在什么岗位就享受什么岗位工资，岗位工资设置的依据是岗位评价，岗位评价依据岗位的重要性、责任大小、复杂程度、工作量大小等因素来进行评价。岗位工资设置 15 个等级（岗位工资等级表见附录），不同的岗位对应不同的工资等级。总经理为最高等级，其次是副总经理，依次为部门经理等。

（3）岗位工资的确定依据岗位评价，岗位评价专门成立岗位评价小组，根据岗位评价方案来进行岗位评价（岗位评价方案见附录）。

新的工资方案设计出来以后还没有实施，就被新的矛盾扼杀在摇篮之中。

（1）岗位工资设计出来以后，现有的员工往工资体系里套，有些员工不值他那份岗位工资的钱，怎么办？

（2）岗位工资一旦确定下来以后，由于其是静态的，员工一旦竞争上某一岗位，由于其岗位工资是固定的，其努力工作也不会多拿工资，所以不能激励员工去努力工作。

（3）由于同岗同酬，但是现实的情况是，同一岗位有两个人，其工作效率与工作成绩是不一样的，这样的情况如何体现？

（4）如何来体现每一个人的工作绩效，绩效高的与绩效低的如何在岗位工资上体现？

为此，小王陷入了深深的困惑之中……

资料来源：陈洪权．人力资源管理．北京：清华大学出版社，2012

思考题：

1. 小王薪酬改革的思路是否有误？程序是否不对？

2. 小王薪酬改革遇到什么困难与矛盾，请问如何帮助小王摆脱困境？

3. 岗位评价是岗位工资设计的关键，请问小王的岗位设计方案有何缺陷？请提出修改意见。

参 考 答 案

一、单项选择题

1. C	2. A	3. D	4. D	5. A
6. C	7. C	8. C	9. D	10. B

二、简答题

1. 基于人的薪酬体系，是指组织根据一个人所掌握的与工作有关的技能、知识的深度和广度来支付基本薪酬的一种薪酬制度。相对于传统的以职位为基础的工资体系而言，以任职者为基础的工资体系是一种新兴的工资体系，它是在适应企业新的生存环境和帮助企业解决成长和发展中的一系列问题的过程中逐步兴起的。以人为基础的工资体系，不是根据职位的价值大小来确定员工的薪酬，而是抛开职位的因素，完全按照员工具备的与工作相关的能力的高低来确定其报酬水平。

2. 基于能力的薪酬可定义为"依据个体对能力的获得、开发和有效使用来支付报酬的制度，这里所说的能力是指个体要有履行职务所必需的技巧、知识、经验、特性和行为"。在基于能力的薪酬方案中，支付个人薪酬的依据是员工所掌握的能力，薪酬增长取决于他们能力的提高和每一种新能力的获得。与已经用的较为成熟的技能薪酬相比，能力薪酬方案的关键是能力是什么、如何界定、如何评价及如何将能力与薪酬联系起来等。

3. 岗位技能薪酬，概括而言，就是员工在各自岗位上因提供劳动和劳务而获得的报酬。它是以岗位为基础，以员工能力和工作业绩评价结果为依据，支付给不同岗位的员工的报酬总和，以表示对员工的劳动补偿和酬劳。其实质是一种公平的交易或交换关系，是员工在向单位让渡其劳动关系或劳务使用权后获得的报偿。

4. 岗位技能薪酬的优缺点表现在以下方面。

优点包括：①实现了真正意义上的同工同酬，因此可以说是一种真正的按劳分配体制；②有利于按照职位系列进行薪资管理，操作比较简单，管理成本较低；③晋升和基本薪酬增加之间的连带性增强了员工提高自身技能和能力的动力。

缺点包括：①由于薪资与职位直接挂钩，当员工晋升无望时，也就没有机会获得较大幅度的加薪，其工作积极性必然会受挫，甚至会出现消极怠工或者离职的现象；②由于职位相对稳定，与职位联系在一起的员工薪资也就相对稳定，这不利于企业对多变的外部经营环境做出迅速反应，也不利于及时地激励员工。

5. 麦克利兰倡导用素质模型评价取代智力测验作为预测未来工作绩效的方法，他认为，工作绩效应该明确定义，成功与失败都不是绝对的，是由多方面因素造成的。同时麦克利兰的研究更关注于对那些工作成功的人的特征进行研究，而不仅是对工作任务本身感兴趣。

三、论述题

1. 能力薪酬体系的优缺点表现在以下方面：

优点包括：①更有利于鼓励和引导员工提升自己的知识、技能和能力，从而帮助企业提升人力资源的素质，培养员工的核心专长与技能；②打破了传统的职位等级的"官本位"，为员工提供了更多样化、更宽广的职业生涯通道，即员工不再需要通过职位晋升来获得薪酬的大幅增加，只需要提高自己的知识、技能或能力就能够获得薪酬增长，因此它是适应新的扁平化组织的重要薪酬模式之一；③在帮助员工提升核心专长和技能的基础上，能够有效支撑企业核心能力的培养，并为降低组织的成本和提升为顾客创造价值的能力提供帮助。

缺点包括：①能力并不等于现实业绩，因此，它往往在鼓励员工通过提高能力获得薪酬增加的同时，带来组织成本的大幅度增加，而组织整体并没有获得相应的经济价值，这是大多数以能力为基础的工资体系失败的主要原因；②能力评价本身具有软性的特点，主观性较强，因此要保持这种工资模式的内部一致性难度较大，员工对这类工资的负面评价往往也较多；③它通常仅适合于以知识为主要竞争力的企业，对于大多数传统企业并不太适用；④它适用的职位类别相对较少，更多地适用于研发类和技术类人员，对于管理类人员和一般操作人员，采用以岗位为基础的工资体系则更为合适。

2. 能力薪酬方案的设计流程主要包括以下步骤：分析组织能力、建立员工素质模型、员工能力评价、确定能力薪酬体系。

不同的企业所具有的组织能力不相同，即使同一企业在不同发展阶段所表现出的组织能力也不相同，企业在进行薪酬设计之前，必须明确企业使命和企业的价值观，以及企业赖以生存和发展的关键能力。能力模型的建立过程包括以下步骤：①区分职类职种，确定研究类别；②选取样本，进行分析，形成能力模型库；③能力模型的评审及修订。对员工能力进行评价是能力薪酬体系设计的关键步骤。通过员工能力评价，可以促进员工业务工作的规范化和标准化。建立员工的职业发展通道，促进员工自我完善，提升员工职业化水平。运用职业化水平评价结果，为晋升、薪酬等人力资源管理工作提供客观依据。企业在初步建立各职类职种的能力模型以后，在此基础上，人力资源部门应组织相关部门主管、业务专家及核心员工对素质模型进行修订和评审，以保证素质模型的有效性和可操作性。

3. 能力薪酬成功的关键有以下几个要点：①"能力"的来源和前提一定要明确。无论是关注技能、知识还是胜任力，作为其基本的关键工作任务、组织流程、组织价值及战略目标等都应该得到明确，从而保证能力薪酬所激励的能力的确是企业所需要的。②要基于组织的实际要求对"能力"进行清晰界定、分类和分级，建立自己的能力等级或序列系统。③基于能力等级建立相应的能力鉴定和认证机制，是实行能力薪酬的重要保证。④要认识到在一般的情况下，能力薪酬并不适用于所有的员工和部门。⑤能力薪酬必须与其他人力资源管理能力相匹配。⑥要根据组织的发展状态，适时对开发出来的能力体系进行维护、评审和调整，保证能力薪酬的实效性，以及运行上的动态灵活性。⑦在设计及推行能力薪酬方案的过程中，要保持与员工的充分沟通，创造强调参与、开放、学习及创新的企业文化氛围，这是很重要的过程保证。⑧需要开发针对团队的分享计划，以及其他关注绩效结果的奖励计划对其进行补充。⑨要关注关于能力薪酬的外部水平参照问题。

4. 岗位技能薪酬的构成项目选择主要是能体现岗位价值、员工能力与岗位的匹配程度及员工的岗位贡献，主要包括岗位工资、绩效工资、奖金、津贴或补贴、福利五大部分，区别在于不同岗位序列的薪酬构成项目的比重有所侧重。①岗位工资是以岗位为基础、以岗位评价为依据，根据岗位的相对价值、参照劳动力市场工资指导价位、结合企业的工资总额和公平观，而合理确定的能够反映岗位相对价值的岗位工资标准。②绩效工资，可以被称为浮动工资，是企业反映不同员工或不同群体之间的绩效水平差异的一种可变动工资。它与任何一种奖金计划之间的差异在于，奖金计划不会变成月标准工资的一部分而造成月标准工资的持续增加。③奖金是企业在达成或超出企业目标时及因为一些特殊事项（如技术创新、工艺革新等）而向员工支付的激励性报酬，是属于额外或不定期的。④津贴是指为补偿员工特殊和额外的劳动消耗和因其他特殊原因支付给员工劳动报酬的一种工资形式，包括补偿员工特殊或额外劳动消耗的津贴、保健津贴、技术津贴、年功津贴及其他津贴。⑤福利是社会和企业保障的一部分，指企业支付给员工的除工资、奖金之外的附加报酬，主要包括国家法定福利和企业自定福利两部分。国家法定福利是指国家规定的企业应当向员工提供的福利，包括养老金、医疗保险、失业保险等。

5. 一般来说，岗位技能薪酬体系的设计包括以下9个步骤：①环境分析。环境分析就是要通过调查分析，了解企业所处的内部环境的现状和发展趋势。②确定薪酬策略。薪酬策略是有关薪酬分配的原则、标准、薪酬总体水平的政策和策略。在对组织环境进行分析的基础上，通过薪酬体系设计的必要性和可行性、激励重点和设计目标的分析论证，得出怎样的薪酬策略才符合企业的实际情况和企业战略的要求。③工作分析。工作分析是全面了解某项工作的任务、责任、权限、任职资格、工作流程等相关信息，并对其进行详细说明与规范的过程。④岗位评价。岗位评价就是通过工作分析，在获取相关岗位信息的基础上，对不同岗位工作的难易程度、职权大小、任职资格的高低、工作环境的优劣、创造价值的多少等进行比较，确定其相对价值的过程。⑤等级划分。等级划分的数目受组织的规模和工作性质的影响，没有绝对的标准。⑥制度保障。薪酬制度不是独立的，它只是与其他制度配套实施，才能发挥应有的作用。⑦市场薪酬调查。市场薪酬调查主要就是通过搜集、分析市场薪酬信息和员工关于薪酬分配的意见、建议，来确定或者调整企业的整体薪酬水平、薪酬结构、各具体职位的薪酬水平的过程。⑧确定薪酬结果与水平。薪酬水平是指组织整体平均薪酬水平，包括各部门、各职位薪酬在市场薪酬中的位置。⑨实施与反馈。薪酬体系设计完成之后，必须通过实施才能实现薪酬的战略及目标。在正式实施之前企业要对将要实施的薪酬结构、水平、形式进行必要的宣传，并且注重和员工，特别是中层人员进行有效沟通，以广泛征求意见，为薪酬体系的实施做好充分的准备。

四、案例分析

1. (1) 思路上：①对的方面包括定薪前先定岗、以岗定薪、竞争上岗、岗变薪变；②错的方面包括没有考虑外部因素、同岗同薪没有激励。

(2) 程序上应为：①定岗，即组织结构→设置岗位→岗位职责→岗位职数→岗位说明书；②定薪，即制定公司薪酬战略→薪酬市场调查→岗位评价→薪酬曲线。

2. (1) 困难：小王的薪酬设计中缺少激励因素。

(2) 解决办法：工资结构，基本工资＋资格工资＋绩效工资＋（奖金＋福利）；基本工资，岗位分析—岗位评价—定级；资格工资，以学历、工龄来衡量；绩效工资，针对不同岗位设置关键业绩 KPI 指标。

3. 缺点如下：①无岗位测评小组；②缺少与领导的沟通；③缺少岗位环境的评价；④岗位重要性难以量化并与岗位责任重复；⑤岗位评价方案较粗糙。

改革方法如下：①成立专业测评小组；②与部门领导充分沟通；③增设岗位环境评价；④删除岗位重要性或者与岗位责任融合；⑤岗位评价方案细化。

附录一　岗位评价方案

一、岗位价值主要影响因素及评价维度

岗位价值主要影响因素及评价维度见附表8-1。

附表8-1　岗位价值主要影响因素及评价维度

评价因素	权重/%	评价维度	分数
岗位的重要性	20	工作结果所产生的影响	20
岗位责任	20	所承担的责任的层次	10
		岗位责任的范围	10
岗位的复杂程度	30	工作复杂性	12
		对文化与专业知识要求	9
		对经验的要求	9
岗位的劳动强度	30	岗位的工作量大小	30
合计	100		100

二、影响岗位的因素及评价维度的定义

1. 岗位的重要性

岗位的重要性主要考虑该岗位与其他岗位相比对企业的重要程度。

工作结果所产生的影响主要指该岗位的工作结果对公司生产经营活动的影响程度。

2. 岗位的职责

岗位的职责是指为完成岗位的工作所担负的责任大小。承担的责任层次是指该岗位所承担的责任属于企业哪一层次：操作层、控制层、监督层或决策设计层次。岗位责任范围主要指该岗位所承担的责任所影响的范围。

3. 岗位的复杂程度

岗位的复杂程度是指岗位本身的复杂性及对任职条件的要求。工作复杂性主要指该岗位工作本身具有的复杂程度。对经验的要求是指为履行该岗位职责必须具备多长时间的工作经验或如没有该方面的工作经验需要多长时间才能基本顺利完成该岗位的工作。岗位的劳动强度主要指该岗位劳动工作量的大小。劳动工作量主要指该工作岗位的在规定的时间内需完成的工作量有多少。

三、各评价维度的具体评分等级

1. 工作结果产生的影响

工作结果产生的影响见附表8-2。

附表 8-2 工作结果产生的影响评分等级

等级	说明	分数
1	工作结果只影响本岗位	5
2	工作结果影响到本部门	10
3	工作结果影响到公司部分部门	15
4	工作结果影响到整个公司	20

2. 承担责任的层次

承担责任的层次见附表 8-3。

附表 8-3 承担责任的层次评分等级

等级	说明	分数
1	岗位承担操作层的责任，该责任侧重于按规定标准做，工作一般不影响他人	2
2	岗位承担控制监督责任，该责任是指自己不但按规程标准来做，还侧重于控制别人是否按标准来做	5
3	岗位承担决策设计责任，该责任指设计标准、制定标准的责任	7
4	岗位承担对重大问题进行决策的责任	10

3. 岗位责任的范围

岗位责任的范围见附表 8-4。

附表 8-4 岗位责任的范围评分等级

等级	说明	分数
1	岗位责任覆盖本岗位	2
2	岗位责任不仅覆盖本岗位，还覆盖其他相关岗位	4
3	岗位责任覆盖整个部门	6
4	岗位责任覆盖多个部门	8
5	岗位责任覆盖整个公司	10

4. 工作复杂性

工作复杂性见附表 8-5。

附表 8-5 工作复杂性评分等级

等级	说明	分数
1	工作本身单一、简单	4
2	工作本身规范化、程序化，只需按规定的程序操作	6
3	部分工作有一定规范与程序，部分工作无规程可循，需创新	8
4	工作没有规定的流程与程序，需灵活处理一些问题，时常需要开拓创新	10
5	工作非常复杂，多为非常规性工作，需要不断地开拓创新	12

5. 对专业知识的要求

对专业知识的要求见附表 8-6。

附表 8-6　对专业知识的要求评分等级

等级	说明	分数
1	工作不需任何专业知识与技能	3
2	工作需具有某一方面的专业知识与技能	5
3	工作需具有多种的专业知识与技能	7
4	工作需具有较高的理论专业知识与实践技能	9

6. 对工作经验的要求

对工作经验的要求见附表 8-7。

附表 8-7　对工作经验的要求评分等级

等级	说明	分数
1	无需任何工作经验，经简单指导后即可从事工作	1
2	无需有工作经验，需经过 1 个月左右即可胜任工作	2
3	本岗位需有 6 个月的时间才能胜任工作	3
4	本岗位需有 1 年的时间才能胜任工作	5
5	本岗位需有 3 年的时间才能胜任工作	7
6	本岗位需有 5 年的时间才能胜任工作	9

7. 岗位的工作量大小

岗位的工作量大小见附表 8-8。

附表 8-8　岗位的工作量大小评分等级

等级	说明	分数
1	工作空闲比较多，工作量较小	5
2	工作空闲较少，工作量适中	10
3	工作没有空闲，工作量大	20
4	工作很饱满，工作量非常大	30

附录二 岗位工资等级表

岗位工资等级见附表9。

附表9 岗位工资等级表

序号	岗位名称	岗位工资/元
1	总经理	2600
2	营销中心经理	1900
3	生产中心经理	1700
4	技术中心经理	1700
5	管理部经理	1200
6	销售服务部经理	1200
7	技术部经理	1200
8	财务部经理	1100
9	办公室主任	1100
10	车间主任	1100
11	质量部经理	1100
12	物资部经理	1100
13	设备部经理	1100
14	车队主管	1000
15	企管员	800
16	人力资源管理员	800
17	工艺设计	800
18	生产统计	700
19	信息管理员	600
20	检查员1	600
21	会计	600
22	订单管理员	600
23	采购主管	600
24	材料保管员	550
25	车间统计	550
26	出纳	550
27	成品保管	550
28	计量员	550
29	检查员2	550
30	销售报价员	550
31	工装员	500
32	采购员	450
33	办公室文员兼后勤保管	400
34	保卫	350

第9章 基于绩效的薪酬体系

考核内容

　　通过对本章内容的学习，掌握绩效薪酬的含义、绩效薪酬的原理、计件工资制和佣金工资制的特点，绩效薪酬设计的基本原则和关注对象、绩效薪酬的支付方式和增长方式、绩效等级、确定绩效薪酬时应注意的问题。

　　考核的关键知识点包括：①绩效薪酬的概念、特点、原理；②计件工资制的特点、局限性和实现条件；③常见的佣金提成制、销售人员薪酬体系的设计；④绩效薪酬的设计原则、支付方式；⑤绩效薪酬的关注对象、薪酬与绩效的关系；⑥绩效薪酬的绩效等级与分配方式；⑦确定绩效薪酬时应注意的问题。

本章要点

1. 绩效指的是工作的效果和效率，我们可以把它定义为员工通过努力所实现的对企业有价值的结果，以及他们在工作过程中所表现出来的符合企业的文化和价值观，同时有利于企业战略目标实现的行为。

2. 绩效薪酬又称为"绩效报酬""绩效工资方案"（pay-for-performance，PFP），是指员工的薪酬随着个人、团队或者组织绩效的某些衡量指标所发生的变化而变化的一种薪酬设计，是企业激励计划的一个组成部分。

3. 绩效薪酬的实质是通过调节绩优与绩劣员工的收入，对员工的心理、行为等进行观测和调控，影响并刺激员工行为，从而达到发挥员工潜在能力的目标。

4. 绩效薪酬的特点：①员工与企业是合作关系；②具备一套有机的管理体系；③绩效与薪酬之间具有相关性和一致性；④是一种持续的计划、指导、评定和奖励机制；⑤有特定的业务目标性；⑥进行多维的绩效评价。

5. 绩效薪酬早期的理论基础：①泰勒的差别计件工资理论；②马斯洛需求理论；③赫兹伯格双因素理论。

6. 绩效薪酬在应用中应注意的问题：①有可能影响到员工的合作和组织创新；②绩效评价的客观性影响绩效薪酬的效果；③组织绩效和个人绩效难以协调；④业绩评估结果难以有效地与薪酬挂钩；⑤部门本位与考核结果可比性的矛盾；⑥绩效薪酬的效果受外界诸多因素制约。

7. 计件工资制（piecework）是指企业通过确定每件产品的计件工资率，将生产工人的收入和产量直接挂钩。它是根据劳动者生产的合格产品的数量或完成的作业量，按预先规定的计件单价支付给劳动者劳动报酬的一种工资形式。

8. 计件工资制的特点：①能够从劳动成果上准确反映出劳动者实际付出的劳动，并基于体现劳动量的劳动成果为目的计酬，不但劳动激励性强，而且使人们感到公平；②与计时工资相比，它不仅能反映不同等级的工人之间的劳动差别，而且能够反映同等级工人之间的劳动差别；③由于产量与工资直接相连，所以能够促进工人经常改进工作方法，提高技术水平和劳动熟练程度，提高工时利用率，增加产品数量；④易于计算单位产品直接人工成本，并可减少管理人员及其工资支出；⑤促进企业改善管理制度，提高管理水平。

9. 所谓佣金提成制，就是对员工具体的工作业绩（如销售额、汇款金额、新客户数量等）进行科学、准确的评估和评价，根据评估和评价的结果，计算薪酬发放数量的工资发放方式。

10. 常见的佣金提成制结构：①底薪；②绩效工资；③奖金。

11. 绩效工资的设计原则：①如果……那么……原则；②尽快原则；③多样性原则；④偶尔原则；⑤竞争原则；⑥公平原则；⑦团队激励原则。

12. 绩效薪酬的支付方式：①绩效工资；②绩效奖金；③绩效福利；④绩效调薪；⑤个人长期激励计划；⑥团队激励计划。

13. 绩效薪酬的增长方式：①绩效加薪；②一次性绩效奖励。

14. 确定绩效薪酬时需要注意的问题：①支付薪酬时，如何平衡个人绩效和团队绩效？②我们应该奖励绝对绩效还是相对绩效？③薪酬高的企业就一定是绩效高的企业吗？

同步综合练习题

一、单项选择题

1. 员工个人绩效的高低主要取决于哪些方面的因素（　　　）。
 A. 员工的认知、员工的胜任度
 B. 员工的能力、员工的动机
 C. 员工的动机、员工的认知
 D. 员工的胜任度、员工的认知、员工的能力、员工的动机

2. （　　　）是满足个人薪酬公平感的最好方式。
 A. 绩效工资　　　　B. 绩效薪酬　　　　C. 可变薪酬　　　　D. 一次性薪酬

3. 绩效薪酬的两大理论基础是（　　　）。
 A. 科学管理理论、激励理论　　　　B. 激励理论、绩效理论
 C. 绩效理论、科学管理理论　　　　D. 薪酬理论、激励理论

4. 泰勒理论的雏形是由科学管理之父（　　　）提出的"差别计件工资制"。
 A. 弗雷德里克·泰勒　　　　B. 马斯洛
 C. 赫兹伯格　　　　D. 波特

5. 绩效薪酬的两种配置比例是（　　　）。
 A. 切分法、利润法　　　　B. 配比法、切分法
 C. 分配法、配比法　　　　D. 利润法、分配法

6. 绩效薪酬的增长方式有（　　　）。
 A. 基本工资、五险一金　　　　B. 绩效加薪、基本工资
 C. 一次性奖金、绩效加薪　　　　D. 五险一金、一次性奖金

7. 绩效加薪计划的三大关键要素是（　　　）。
 A. 加薪的幅度、加薪的对象、加薪的实施方式
 B. 加薪的对象、加薪的实施方式、加薪的时间
 C. 加薪的实施方式、加薪的幅度、加薪的时间
 D. 加薪的时间、加薪的幅度、加薪的对象

8. 团队根据组织形式和任务目标，一般分为（　　　）。
 A. 平行团队、流程团队、纵向团队　　　　B. 流程团队、纵向团队、项目团队
 C. 纵向团队、平行团队、项目团队　　　　D. 项目团队、平行团队、流程团队

9. 增益分享的主要缺点是（　　　）。
 A. 恶性竞争、团队意识　　　　B. 搭便车行为、有价值员工的流失
 C. 有价值员工的流失、团队意识　　　　D. 团队意识、搭便车行为

10. 绩效工资设计中最关键的问题就是（　　　）。
 A. 绩效的确定　　　　B. 技术的确定
 C. 薪酬的结构　　　　D. 员工的能力

二、简答题

1. 简述绩效的概念。

2. 简述绩效薪酬的概念。

3. 简述收益分享计划。

4. 简述增益分享计划的两个突出优点。

5. 简述绩效薪酬关注的对象。

三、论述题

1. 论述绩效薪酬的特点。

2. 论述绩效薪酬的设计原则。

3. 论述绩效福利的具体表现。

4. 试述我们应该奖励绝对绩效还是相对绩效。

5. 试述薪酬高的企业是否一定是绩效高的企业。

四、案例分析

位于上海市的光明公司是一家 IT 企业，公司的主要产品是管理软件。小王与小谢是光明公司的技术骨干，两人以前是大学同学，后来又一起进入光明公司工作，技术水准一样。

小王和小谢分别负责不同的产品研发，小王负责 A 产品，小谢负责 B 产品。经过一年的艰苦努力，A、B 两个产品同时完成，推向市场，但市场的表现却完全不同，A 产品很快被市场所接受，为公司带来很大的经济效益；而 B 产品却表现平平。

由于 A 产品带来了经济效益，年底公司决定为小王加工资；而小谢负责的产品表现不好，没有增加工资。公司的决定迅速在员工中流传，很快传到了小谢的耳朵里。于是，小谢找公司领导谈话，他认为自己受到不公正的评价，因为 B 产品表现不好，不是产品本身的原因，而是 B 产品被市场接受需要一定的时间。公司只给小王增加工资，小谢觉得自己的工作没有得到公司的认可，而公司领导认为市场可以评价一切，没有接受小谢的意见。

很快，小谢离开了光明公司加入了竞争对手 Y 公司，依然负责与 B 产品类似的产品。半年后，市场开始接受该产品，Y 公司在该产品上取得了良好的经济效益。

资料来源：人力资源管理论坛

思考题：

看完上述案例，你有什么启发？

参 考 答 案

一、单项选择题

1. D	2. B	3. A	4. A	5. B
6. C	7. C	8. D	9. B	10. B

二、简答题

1. 绩效指的是工作的效果和效率，我们可以把它定义为员工通过努力所实现的对企业有价值的结果，以及他们在工作过程中所表现出来的符合企业的文化和价值观，同时有利于企业战略目标实现的行为。

2. 绩效薪酬又称为"绩效报酬""绩效工资方案"，是指员工的薪酬随着个人、团队或者组织绩效的某些衡量指标所发生的变化而变化的一种薪酬设计，是企业激励计划的一个组成部分。

3. 增益分享，也称收益分享，是企业与雇员、团队分享生产率收益的一种手段。其基本含义是企业与一个生产经营部门或者员工群体事先设定一个目标，如果一个团队节约了生产成本或者人工成本，就将节约的部分按照事先规定的额度在团队中进行分配；如果超过既定的盈利目标，就将部分收益归团体所有。

4. 增益分享方案有两个突出的优点：一是有利于增强员工的团队意识和集体意识；二是在一定程度上抑制了员工之间的恶性竞争。

5. 绩效薪酬关注的对象是指企业的绩效薪酬是关注个人还是关注团队，或在关注团队绩效的基础上同时注重个人业绩。

三、论述题

1. 绩效薪酬的特点包括：

（1）员工与企业是合作关系。绩效薪酬的设计并不仅是为了降低生产成本，更多的是将员工作为企业的合作者，依据员工为企业所作的贡献大小和绩效情况支付报酬，具有激励和引导作用。

（2）具备一套有机的管理体系。绩效薪酬是一套有机的管理体系。首先，绩效是一个综合的指标，它涵盖了员工贡献的众多要素。其次，企业根据员工的贡献也可设计多种绩效回报形式。最后，绩效方案的设计也必须符合企业的需求，特别是与企业战略保持一致，有组织、有目的、有步骤地统筹和实施，同时具有针对性。

（3）绩效与薪酬之间的相关性和一致性。实现绩效和薪酬之间的一致性是使薪酬和战略一致的最直接的手段。通过建立绩效与薪酬之间的相关性，我们可以利用绩效管理手段引导员工的行为，使员工行为有利于公司战略的实现。

（4）是一种持续的计划、指导、评定和奖励机制。我们知道，所有绩效管理体系都包括计划、指导、评定和奖励四个阶段，这四个阶段必须协调一致，任何一个环节的力量被削弱，都会使整个绩效管理体系受到破坏，其统一性和完整性将受到威胁。

（5）有特定的业务目标性。绩效目标必须与企业战略联系在一起，在制定好战略绩效目标后，必须向全体员工传达相关的信息，以便员工了解他们的目标与公司发展之间的相关性，从而让员工确定自身的工作目标，使员工目标与企业目标达成一致，更有效地促进企业绩效的实现。

（6）进行多维的绩效评价。为了能让绩效管理继续有效发挥作用就必须实现评定的多维化，即参考多渠道的评定意见。

2. 绩效薪酬的设计原则包括：

（1）如果……那么……原则。如果一位员工的绩效达到或者超过了企业的期望，那么应当及时向其支付报酬；如果一位员工的绩效没有达到企业的期望，就不能向其支付报酬。如果仅仅对达到期望的员工提供报酬，就很难改善没有达到期望要求的那些员工的绩效。要改善他们的绩效，就必须在他们的绩效接近企业期望时对他们的贡献加以认可。

（2）尽快原则。尽快原则指在员工绩效发生后应当尽可能快地对他们提供认可。行为的引导有其实效性，绩效薪酬，作为一种对员工行为进行引导和激励的薪酬体系更讲求实效性。绩效出现之后立即提供报酬会产生最大的效应，绩效过去的时间越长，员工就越会忘记自己的良好绩效是如何产生的，于是也就越难以重复企业所期望看到的那些行为和业绩。

（3）多样性原则。多样性原则指为保持绩效认可的效力，管理者应当注意变化报酬的形式。同样的报酬方式运用 10 次会导致其效力丧失，而报酬的多样化会使组织的激励效果得以保持。例如，某部门领导希望削减下属某单位的加班费用。它首先与这一单位的主管订立一个标准。今后 3 个月，每当该单位达到成本控制标准时，部门领导就会采用个人祝贺和表扬、高度评价和表扬信、部门副总裁表扬等各种不同的绩效认可方式。

（4）偶尔原则。偶尔原则指在员工业绩达到或超过期望的某些事后才给予报酬，而不是只要有绩效就一定有报酬，绩效认可计划的优点在于实用性和灵活性，组织不必一直安排管理人员盯着每一位员工，并且对其每一次达到或者超过绩效期望的业绩都提供报酬。那些阶段性地获得报酬的员工更有可能在没有报酬的时候也同样保持良好绩效。

（5）竞争原则。激励薪酬本身就包含竞争机制的内容，高薪对于优秀人才具有不可替代的吸引力。如果企业制定的薪酬水平偏低，在人才竞争市场中必然会处于劣势，优秀的人才将极容易到竞争对手的阵营。并且，企业内的员工也会在其他企业高额薪酬的诱惑下，产生不满情绪，导致工作热情下降，甚至辞职，另攀高枝。

3. 绩效福利包括：①满足员工的经济与生活需要，如各种加班、乘车、伙食、住房等津贴与补助；②满足员工的社交与休闲的需要，如各种有组织的集体问题与旅游活动、带薪休假等；③满足员工的安全需要，如医药费报销或补助、公费旅游、因工伤残津贴、退休金、抚恤金等；④满足自我充实、自我发展的需要，如业余进修补助或报销、书报津贴等。

4. 制定绩效薪酬制度之前，大多数企业会根据本企业的计划制定对应的绩效目标，再基于员工对目标的达成情况来支付员工薪酬。这时候，企业就要考虑是基于绝对绩效支付薪酬还是基于相对绩效支付薪酬。

绝对绩效是指员工完成了既定绩效标准的多少，如在安全性、质量、利润、顾客满意度及其他一些绩效指标上的绝对标准。这些标准一旦没有达到，员工便会被认为是不达标的，企业就会减少对其的奖金分配。也就是说，在员工没有达到最低绩效标准之前，企业重点关注的是绝对绩效。

但是当很多员工都达到最低绩效标准时，我们就更应该奖励相对绩效。相对绩效是将员工的绩效与其他员工的绩效进行比较得到的结果，相对绩效优秀的员工能够获得比他人更多的奖金。如果由于客观因素造成既定绩效目标没有实现，企业仍要给其中较为优秀的员工给予绩效奖励。如果大多数员工的绩效都超出了标准，那么在奖励绝对绩效的同时，再对其中相对绩效较好的员工给予额外奖励，这样，激励效果会比仅仅奖励绝对绩效的效果更好，员工会因为追求相对绩效的卓越而更加努力。

5. 绩效和薪酬的关系并不是单线式的也不是绝对的，薪酬高的企业并不一定会有绝对高的绩效，绩效高的企业中，员工的薪酬也一定普遍都高。很少有企业会仅仅将薪酬与绩效挂钩，但更少企业能将绩效薪酬制度更好地服务于薪酬制度。大多数企业都知道要基于绩效付薪，但是却不知道怎么去做。企业和员工需要建立一种双赢的关系，当员工得到他们的回报的同时，也给组织创造了价值。薪酬高的企业仅仅能让员工看到他能够从企业中获得什么回报，而不能告诉员工如何去创造高绩效、如何去发挥他们的技能和能力。高薪仅仅给员工带来一种优越感和满足感，而并没有建立起一种强调绩效的企业文化。

要建立一种强调绩效的企业文化，企业的薪酬制度要能够忠实地反映企业所重视的价值观，让员工明白企业需要他们做什么。例如，企业重视创新，要让员工提出的一切有价值的想法都能得到充分实践，不仅要奖励创新结果，而且也要奖励创新过程。在可变薪酬上，要保证绩效薪酬的比例。不论是高层还是普通员工，都要制定明确的绩效目标和绩效标准；绩效薪酬严格与绩效目标的达成情况挂钩，要能体现出绩效优劣的差异，这样才能对员工有激励作用，才能让员工明白，什么样的行为和结果才是企业真正想要的。让员工看到，即使在高薪企业中，如果员工不努力，依然可能拿到低薪。这种薪酬制度的设计使企业在保证薪酬的外部竞争力的同时，既能够控制薪酬总成本，又能够保证内部公平性，充分体现了薪酬的激励作用。

四、案例分析

从事重要职位工作的员工或者是具备较高技能或能力的员工是否就能够比其他员工更为积极努力地工作，从而将这种静态的价值转化为对企业来说更为重要的动态价值，则具有一定的不确定性。这一点主要是由于劳动力契约本身是一种不完善的契约，劳动者对于自己在生产过程中实际付出的努力或者涉及的劳动具有一定的控制力。所以，在静态的公平性问题解决之后，薪酬管理还必须解决动态的问题，薪酬设计和薪酬管理如何才能够激励员工个人及员工群体达到优良的绩效，从而保证企业整体良好经营绩效的实现，以确保企业的长期发展。因此，我们集中探讨如何将员工的实际贡献与其应得的报酬来联系起来，从而将员工、员工的绩效、组织的绩效及组织最重要的成功联系起来。（具体论述需要结合案例进行阐述，视情况酌情给分。）

第**10**章 团队薪酬

通过对本章内容的学习，掌握团队薪酬的基本理论知识，包括团队薪酬的含义、特征和意义、团队薪酬的优缺点、团队薪酬的表现形式、团队薪酬理论、团队薪酬的设计原则、团队薪酬的构成及团队薪酬的管理。

考核的关键知识点包括：①团队、团队薪酬的含义、团队的薪酬机制；②团队薪酬的优缺点和表现形式；③团队薪酬的相关理论；④团队薪酬的设计原则、构成；⑤工作团队、项目团队、并行团队和伙伴团队的薪酬管理策略；⑥团队薪酬管理注意事项。

1. 团队是由两个人以上组成,各成员相互影响,并就工作进行协调以完成特定目标的群体。这一定义包括三个部分:第一,团队的人数必须两人以上。第二,团队成员相互影响,尤其强调技能的互补和互相协作的影响。第三,团队成员共有一个绩效目标,没有共同绩效目标是无法构成团队的。

2. 团队的基本特征包括:①共同愿景和共同目标;②团队规范;③团队成员之间具有相互依存性;④团队成员之间的沟通协作;⑤团队成员共担责任;⑥团队价值的聚合效应。

3. 狭义的团队薪酬是一种激励性的报酬计划,它一般是由上级制定者制定,脱离团队个体成员的基本工资等独立存在的一个可变薪酬体系。它强调的是"奖励",包括收益分享计划、风险收益计划、利润风险计划等各种形式。广义的团队薪酬是一种以团队成员个人为对象,包含基本工资、基本工资增长、激励薪酬、个体认可奖励、福利甚至精神薪酬等各种薪酬元素在内的复合体系。

4. 团队薪酬体系的要素特征主要包含了分配规则、激励强度、支付频率、支付水平和支付层次五个方面,其中分配规则和激励强度是团队薪酬计划的关键特征变量。

5. 团队薪酬的优点包括:①有效避免因采用个人薪酬制度所造成的对团队精神的损害。②团队绩效比个人绩效更容易衡量。③团队规模较小时,以团队为对象的薪酬奖励计划就会起到比较明显的作用。④增加了雇员对决策过程的参与,促进了生产过程中的创新。团队薪酬的缺点包括:①容易造成"搭便车"或"社会懒惰"行为。②团队薪酬可能会引起团队间的竞争。③要设计对所有团队都公平的目标比较困难。④因为有些工作只需要个人完成,所以并非企业中的所有成员都可以放到某个团队中。

6. 利润分享计划是指企业实现或超过某一既定的绩效指标(利润、权益报酬率或股价等)后,将企业的部分利润在全体员工间进行分配的一种绩效奖励模式。利润分享总额的确定方法包括:①固定比例法;②递增或递减比例法;③获利界限法。利润分享的实现形式有直接现金式利润分享、递延式利润分享、股票分配式利润分享。

7. 收益分享计划是企业提供的一种与员工分享因生产率提高、成本节约和质量提高而带来的额外收益的绩效奖励模式。收益分享计划和利润分享计划之间的区别在于激励对象不同、考核指标不同、支付频率不同、资金性质不同。

8. 成功分享计划又被称为目标分享计划,它的主要内容是运用平衡记分卡方法来为某个经营单位制定目标,然后对超越目标的情况进行衡量,并根据衡量结果来对经营单位提供绩效奖励这样一种群体绩效奖励制度。

9. 班组或团队奖励计划是团队薪酬制度中最简单也最接近个人奖励制度的一种,在这个计划中,只有当班组或团队的目标实现后,每个成员才能得到奖金,而即使个人绩效很好,但团队的绩效目标没有实现,个人也不能获得奖金。

10. 团队薪酬理论包括:分享工资理论、参与管理理论、公平理论、社会困境论、组织结构理论、代理理论、行为决策理论。

11. 团队薪酬的设计原则有战略原则、激励原则、公平原则、竞争原则。

12. 团队薪酬是由基本工资、绩效工资、激励工资、福利计划四个部分组成。确定基本工资的方法有基于岗位工作的岗位工资和基于技能的技能工资。绩效工资是对员工过去工作行为和已取得成就的认可，绩效工资的数额将计入下一周期的基本工资。福利计划，它是企业向员工提供的除工资、奖金之外的各种保障计划、补贴、服务及实物报酬，分为法定福利和非法定福利。

13. 团队的薪酬管理策略有很多种，根据团队的特点不同可以划分为工作团队的薪酬管理策略、项目团队的薪酬管理策略、并行团队的薪酬管理策略、伙伴团队的薪酬管理策略。

14. 薪酬管理中需要注意以下几点事项：①让员工主宰自己的命运；②寻找合适的员工组成团队；③级段式薪酬。

同步综合练习题

一、单项选择题

1. 以下不属于团队基本特征的是（　　）。
   A. 共同愿景和共同目标
   B. 团队成员之间具有相互依存性
   C. 团队成员之间的沟通协作
   D. 团队价值的分散效应

2. 为了完成正常组织之外的任务的团队，其成员一般是从不同部门和岗位抽调的人员构成的，这种团队类型是（　　）。
   A. 工作团队
   B. 平行团队
   C. 项目团队
   D. 管理团队

3. 团队薪酬计划的关键特征变量是（　　）。
   A. 分配规则和激励强度
   B. 分配规则和支付频率
   C. 支付水平和支付频率
   D. 支付水平和支付层次

4. 最常见、最传统的利润分享形式是（　　）。
   A. 直接现金式利润分享
   B. 递延式利润分享
   C. 股票分配式利润分享
   D. 退休基金形式

5. 成本分享计划属于哪种团队薪酬表现形式（　　）。
   A. 利润分享计划
   B. 收益分享计划
   C. 成功分享计划
   D. 班组奖励计划

6. 以下不属于平衡记分卡维度的是（　　）。
   A. 学习与成长
   B. 业务流程
   C. 员工
   D. 财务

7. 以下不属于员工法定福利的是（　　）。
   A. 养老保险
   B. 医疗保险
   C. 住房公积金
   D. 午餐补助

8. 下面属于利润分享计划考核指标的是（　　）。
   A. 利润
   B. 生产率
   C. 产品质量
   D. 成本

9. "1+1＞2"是从以下哪个角度理解团队薪酬的意义（　　）。
   A. 博弈论角度
   B. 群体动力论角度
   C. 社会影响角度
   D. 经济效益角度

10. 中国古时候的"南郭先生"滥竽充数反映了团队薪酬的哪个缺点（　　）。
    A. 搭便车
    B. 引起团队间的竞争
    C. 难以设计对所有团队都公平的目标
    D. 有些工作只需要个人完成

二、简答题

1. 什么是团队？

2. 什么是广义的团队薪酬?

3. 什么是利润分享计划?

4. 参与管理理论的内容是什么?

5. 团队激励工资是什么?

三、论述题

1. 论述团队的类型。

2. 论述团队薪酬的优点。

3. 论述利润分享总额的分配方式。

4. 论述团队薪酬设计的战略原则。

5. 论述工作团队的薪酬管理策略。

四、案例分析

销售团队薪酬激励的设计

某公司为一家主要从事 IT 产品代理和系统集成的硬件供应商,成立 8 年来销售业绩一直节节攀升,人员规模也迅速扩大到了数百人。然而公司的销售队伍在随后一年出现了动荡,一股不满的情绪开始蔓延,公司高层下决心聘请外部顾问,为公司做一次不大不小的外科手术,而这把手术刀就是制订销售人员的薪酬激励方案。

这家公司的销售部门按销售区域划分,同一个区域的业务员既可以卖大型通信设备,也可以卖小型设备。后来,公司对销售部进行组织结构调整,将一个销售团队按两类不同的产品线一分为二,建立了大型通信设备和小型设备两个销售团队,他们有各自的主攻方向和潜在客户群。但是,组织结构虽然调整了,两部门的工资奖金方案没有跟着调整,仍然沿用以前的销售返点模式,即将销售额按一定百分比作为提成返还给业务员。这种做法,看似不偏不向,非常透明,但没能起到应有的激励作用,造成两部门之间的矛盾,于是出现了上面讲到的现象。

资料来源:刘洪. 薪酬管理. 北京:北京师范大学出版社,2007

思考题:

1. 这家公司对销售团队的薪酬设计为什么没有激励效果?

2. 这家公司应如何改进销售团队薪酬激励方案?

参 考 答 案

一、单项选择题

1. D	2. B	3. A	4. A	5. B
6. C	7. D	8. A	9. B	10. A

二、简答题

1. 团队是由两个人以上组成，各成员相互影响，并就工作进行协调以完成特定目标的群体。这一定义包括三个部分：第一，团队的人数必须两人以上。团队人数可以很大，但团队人数的上限没有明确的定义。有人认为 15 人，也有人认为是 25 人，观点不一。第二，团队成员相互影响，尤其强调技能的互补和互相协作的影响。第三，团队成员共有一个绩效目标，没有共同绩效目标是无法构成团队的。

2. 广义的团队薪酬是一种以团队成员个人为对象，包含基本工资、基本工资增长、激励薪酬、个体认可奖励、福利甚至精神薪酬等各种薪酬元素在内的复合体系。广义的团队薪酬囊括了早先的团队激励薪酬，并把它看成团队薪酬的一部分，同时从系统的角度将团队薪酬定义为一种体系和一整套方案。

3. 利润分享计划是指企业实现或超过某一既定的绩效指标（利润、权益报酬率或股价等）后，将企业的部分利润在全体员工间进行分配的一种绩效奖励模式。根据这一计划，企业将在会计期末（季度末或年末）根据企业利润与既定指标的比较情况，决定是否将企业的一部分利润分配给员工。

4. 参与管理理论起源于梅奥的人际关系研究，又称为人际关系理论。该理论对团队薪酬的解释是：员工远比管理人员更了解他们的工作，团队薪酬为员工提供了在重要决策中参与的机会，可激发其知识的释放和运用，从而促进员工对组织的承诺，激发工作动机，提高生产率，改善组织绩效。员工的参与是影响团队薪酬成功与否的重要变量，其激励作用超过了个体奖金。

5. 团队激励工资是以团队绩效、组织绩效和个人绩效三个方面为基础的。对于项目团队来说，激励工资更多的是以团队绩效与个人绩效的结合为基础的。因此，项目团队的激励工资，首先关注的是团队整体的项目绩效，其次才是团队中个人的贡献程度；相应的，团队的激励工资，首先考虑整个团队的激励工资，其次才是总的团队激励工资在成员间的分配。

三、论述题

1. 团队有四种类型，分别为：①工作团队，是指由较为稳定的成员组成的，为了完成产品和服务的长期组织单元，内部成员通常是全职的，如生产团队、服务团队、研发团队等。②平行团队，是为了完成正常组织之外任务的团队，其成员一般是由从不同部门和岗位抽调的人员构成的。由于这种团队与正常的组织结构并存，被称为平行团队。组织为了解决问题或者为了促成有针对性的提高活动时一般会组建平行团队，如质量提高团队、员工参与团队等。③项目团队，一般以项目周期为存续时限，由于其面对的任务一般是非重复性的，并且需要大量知识、判断和专业技术的应用，所以，团队成员可能根据任务完成需要的具体技术的不同而从组织中不同的部门选取，而在任务完成后，团队成员又返回各自的岗位。④管理团队，是主要依据各自的权限，对所属的、相互依赖的各个部门进行协调、指导和整合的团队。

2. 团队薪酬的优点有：①团队薪酬可以有效避免因采用个人薪酬制度所造成的对团

队精神的损害。防止员工过分关心个人绩效而忽视群体利益或整体组织目标，也可以避免因上下级之间差距过大而导致的下层人员的心理不平衡，从而引导员工互相合作，共同去完成组织的整体任务目标。它提倡协作配合与集体主义精神，能够有效地提高群体成员的团队意识，这与当前企业界所倡导的团队合作行为是一致的。②对于企业来讲，团队绩效比个人绩效更容易衡量，开发衡量团队绩效的考评体系的成本相对较低，因为团体的数量显然比个人的数量少，团队绩效指标也比员工绩效指标的总和少得多。③以团队为对象的奖励是否有效，在很大程度上取决于团队规模的大小。团队规模较小，可以在一定程度上避免团队薪酬制度的缺点。如果团队规模过大，员工就会认为，他们个人的努力对整个团队工作业绩的影响微不足道，因而对作为结果的最终奖励的作用也必定是微乎其微的。因此，对于需要依靠员工的相互协作才能完成的复杂工作，而且团队规模较小时，以团队为对象的薪酬奖励计划就会起到比较明显的作用。④团队薪酬增加了雇员对决策过程的参与，促进了生产过程中的创新，不仅增强了薪酬激励的效果，提高了生产效率，还有力地推动了公司团队文化的发展，使员工对企业更加忠诚。

3. 利润分享总额的分配方式主要有：①按照每个劳动者工资的一定比例分配。在西方国家，它是主要的分配方式。其原因在于，劳动者对企业贡献大小可以从工资上相对反映出来，所以也应该从分享基金中得到同比例的份额。②对每个劳动者实行平均分配。主张平均分配的人则认为，劳动者对企业做出的不同贡献已经通过工资的分配给予补偿了。由于企业的稳定和成功完全依赖于每一名劳动者的同心协作，所以，在工资分配之后所进行的利润分享应该由每个劳动者平等分享。③根据员工的绩效情况进行分配。④按劳动者在企业的服务年限进行分配。当然，也可以采用混合分配方式。

4. 战略原则是一条非常重要的原则，而且近几年来战略原则在薪酬设计诸原则中的地位和作用逐步加强，薪酬战略管理概念的提出就是这一事实的最好体现。这一原则要求一方面在进行薪酬设计过程中，要时刻关注企业的战略需求，要通过薪酬设计反映企业的战略，反映企业提倡什么，鼓励什么，肯定什么，支持什么；另一方面要把实现企业战略转化为对员工的期望和要求，然后把对员工的期望和要求转化为对员工的薪酬激励，体现在企业的薪酬设计中。这一原则运用到团队当中，就是要在组织战略目标的指引下，确定团队目标，进而将实现组织和团队目标所期望的行为激励因子反映在团队薪酬体系中，以此实现战略转化。需要说明的是，在遵循战略原则的前提下，要同时考虑团队成员的期望和心理需求，只有实现两者的双赢，才能最大限度地发挥薪酬激励效用。

5. 在工作团队中，团队报酬是建立在对既定绩效结果的实现程度进行衡量和评价基础之上的，通常采取收益分享、利润分享、期权、期股等形式。例如，影视剧主创人员和主要演员的收益分成，签约导演和制片人从每部影视片销售中的提成等。随着工作团队的成熟和成长，团队成员的角色界定清楚了，员工也获得了必要的技能和能力，工作团队薪酬战略的重点就应当扩展到将团队的最终目标——共同承担的结果责任也包括进来。也就是说，个人薪酬战略必须注意对团队绩效提供支持并搞好平衡。例如，演出团体中明星和主角当然重要，但是作为剧团整体，必须将个人的薪酬策略与剧团总体的经营状况相结合，根据剧团演出中的分工、演出场次、演出收入、剧团发展目标实现程度等，综合考虑，确定薪酬体系。此外，除了分享团队报酬之外，团队成员的基本薪酬应当由他们在团队中所拥有的新技能和能力来确定。

四、案例分析

1. 目前存在的问题：首先，对于大型通信设备的销售，产品成本很难界定，无法清晰合理地确定返点数。同时，很多时候由于竞争激烈，为了争取客户的长期合作，大型通信设备往往是低于成本价销售，根本无利润可以返点。其次，销售返点模式一般一季度一考核，而大型通信设备销售周期长，有时长达一两年，客户经常拖欠付款，这就使得考核周期很难界定。周期过短，公司看不见利润，无从回报销售人员；周期过长，考核前期销售人员工作松散，经常找不到订单。再次，大型通信设备成交额很大，业务员的销售提成远远高于小型设备的销售，这导致小型设备的业务员心理不平衡，感到自己无法得到更高的收入，公司对自己不够重视，于是工作态度开始变得消极。最后，大型通信设备的设计和实施一般是团队合作，由公司总经理、副总经理亲自领导，需要公司其他部门紧密配合，如何将利润分给所有参与项目的人，分配原则是什么，这些问题都是销售返点模式难以回答的。

2. 改正的思路：通过对以上问题的分析，这个公司可以设计一套量身定做的工资奖金方案。首先，对两个销售团队重新进行职责定位，分别撰写部门职责和岗位职责，明确工作分工，保证其他部门的配合和支持，同时对基本工资进行不同幅度的调整。其次，将两个团队工资分配体系彻底分开，即为两个团队分别设计一套完整的、自成一体的工资奖金方案：小型设备销售采取以成本利润为基础的返点模式，而大型通信设备采取的是以目标绩效为基础的年薪制；小型设备采取个人激励，而大型通信设备采取团队激励；小型设备为季度考核，大型通信设备是以项目为周期的考核。最后，根据两类设备的特点，为销售人员设计不同的能力要求。（需结合案例进行综合阐述，酌情给分。）

第*11*章 员工福利管理

考核内容

　　通过对本章内容的学习，掌握员工福利管理的基本理论知识，包括员工福利的内涵和特点、员工福利的产生与发展阶段、法定福利和非法定福利、弹性福利制度的内涵和实施方式、员工福利的不足和发展趋势、我国目前的福利构成和预算及各项福利的核算。

　　考核的关键知识点包括：①员工福利的内涵、产生和发展阶段分析；②法定福利和非法定福利；③弹性员工福利制度的含义、原因及实施方式；④员工福利在薪酬体系中的作用；⑤员工福利的不足及发展趋势；⑥我国目前的福利构成和预算及各项福利的核算。

本章要点

1. 员工福利从不同角度来理解有不同的定义，员工福利的概念本身又有广义和狭义之分，员工福利是一个综合性的概念，员工福利也称职业福利、单位福利，是用人单位基于雇佣关系，依据所在国家的相关法律和规定，为改善与提高员工的生活水平，增加员工的生活便利度，通过福利设施和建立各种补贴，向员工个人及家庭所提供的实物给付或福利性服务。本质上，员工福利只是一种补充性报酬。

2. 员工福利由法定福利和非法定福利两部分构成，其中法定福利是指依据国家的相关政策、法律和法规，企业必须要为员工提供的一系列福利保障计划。我国目前的法定福利主要有养老保险、失业保险、医疗保险、生育保险、工伤保险和住房公积金。非法定福利是指组织根据自身的发展需要和员工的需求选择提供的福利项目，它包括多种形式，主要可分为收入保障计划、健康保障计划和员工服务计划三种。

3. 弹性福利计划的实施方式有四种：附加福利计划、核心福利项目计划、混合匹配福利计划和标准福利计划。

4. 福利预算是企业基于目前的经营情况及上一年度企业在员工福利上所投入的费用，制订出为企业本年度的福利支出所做的相关预算计划。福利预算可以回答企业应该花费的福利总额、各项福利的支出份额及哪些支出项目可以加以改变等。福利工作的重点在于项目的规划开发和管理。

5. 员工福利预算的作用：①在给定的预算内，开发最佳投入产出比的福利项目；②控制成本，杜绝超预算花钱；③合理预算企业的福利项目和时间表是年度福利工作计划的开始。

6. 员工福利的不足：①成本高，回报低；②缺乏灵活性和针对性。员工福利的发展趋势：①自助式福利计划可以满足员工的不同需求，以期有效实现福利管理的保障和激励功能，以人性化管理为指导思想，在企业总体分配框架内向员工提供多种福利组合；②依法参加基本养老保险并履行缴费义务，具有相应的经济负担能力并已建立集体协商机制的企业可以建立企业年金方案。

同步综合练习题

一、单项选择题

1. 下面对员工福利描述不正确的是 （　　）。

   A. 员工福利是基于广义的福利与雇主所支付的整体报酬的交叉概念

   B. 员工福利的给付形式多样，包括现金、实物、带薪假期及各种服务

   C. 无论企业的规模和行业情况如何，都会为员工提供福利，这已经成制度化了

   D. 员工福利中的所有项目都是由企业自主决定的

2. 下面不属于法定福利的是 （　　）。

   A. 养老保险
   B. 工伤保险
   C. 人寿保险
   D. 失业保险

3. 下面不是大家对员工福利内涵理解的共同点的是 （　　）。

   A. 员工福利是基于狭义的福利与用人单位提供的整体报酬的交叉概念

   B. 员工福利的支付形式多种多样，包括实物、现金和各种服务

   C. 员工福利中的一些项目的提供与否受到国家相关法律和法规的约束

   D. 员工福利具有久远的历史，在各用人单位或多或少已经存在

4. 非法定福利除了保障计划和健康保障计划，还包括 （　　）。

   A. 员工服务计划
   B. 住房援助计划
   C. 教育援助计划
   D. 企业年金计划

5. 养老保险的特点不包括 （　　）。

   A. 养老保险具有社会性
   B. 养老保险费用实现广泛社会互济
   C. 由国家立法自愿实行
   D. 养老保险费用支出庞大

6. 员工福利不具有 （　　）。

   A. 普遍性
   B. 平等性
   C. 全面性
   D. 补偿性

7. 下面关于员工福利作用的说法不正确的是 （　　）。

   A. 员工福利有助于改善员工的生活质量

   B. 员工福利可以激励和吸引优秀的人才

   C. 员工福利有利于提高员工忠诚度

   D. 员工福利的作用比工资更能令员工满意

8. 下面关于员工福利预算的作用说法不正确的是 （　　）。

   A. 在给定的预算内，开发最佳投入产出比的福利项目

   B. 控制成本，杜绝超预算花钱

   C. 福利预算可以准确地回答出企业在一年中应该投入的金额

   D. 合理预算企业的福利项目和时间表是年度福利工作计划的开始

9. 下列选项中，有关企业健康保障计划发展原因的论述不正确的是 （　　）。

   A. 医疗费用开支呈现快速增长态势，且私人开支增长速度明显大于公共开支

   B. 社会保险保障的有限性，使个人要承受一定的医疗费用负担

   C. 员工福利多样化的发展趋势，使企业健康保障成为企业的主要福利计划之一

D. 其他福利项目的缩减为企业健康保障计划的发展腾出了空间

10. 在我国，员工持股的资金来源中不包括（　　　）。

　　A. 员工的自有资金

　　B. 企业年金

　　C. 可将公司公益金、工资结余划为专项资金，借给员工认购或直接认购股份，并按一定原则分配给员工

　　D. 存量资产转让的方式下，允许员工以向原企业股东负债的方式购买股份，员工以分红款在一定期限内偿还购股款后真正获得股份

二、简答题

1. 什么是员工福利？

2. 福利的构成有哪几项？

3. 什么是医疗保险？

4. 什么是弹性福利？

5. 福利工作的重点是什么？

三、论述题

1. 论述员工福利的基本内涵。

2. 论述养老保险及其特点。

3. 论述工伤保险及其作用。

4. 论述健康保障计划。

5. 论述实施弹性福利计划的原因。

四、案例分析

美国安然公司企业年金计划为什么遭到重创？

美国安然公司成立于1985年，是美国两家天然气公司合并的产物，其总部设在得克萨斯州。经过10多年的奋斗，其成为世界最大的天然气交易者，在美国企业中排名第七。然而，安然公司2001年12月12日宣布破产，创下了美国历史上最大的破产纪录。破产损失最惨重的要数安然职工，他们不仅失去了工作，而且费尽心血积攒下来的企业退休金也随着安然的倒闭而荡然无存。

安然公司为员工建立了401（K）计划，雇员缴费计入个人账户，公司相应提供配套资金。双方的缴费和投资收益在养老金分配前免缴所得税。对于养老基金的投资方式，安然公司要求计划的参加者将大部分基金（58%）都用于购买本公司股票。这是因为，一方面购买本公司股票省去了委托代理机构的烦琐手续和相关费用，另一方面公司往往还向购买股票的员工提供一定的折扣。在20世纪90年代经济一片繁荣的时期，许多大公司的股票价格飞涨，更是吸引了员工利用公司养老金计划来购买本公司股票。

安然公司401（K）计划的具体运作方式是"底线-抵消"，即把员工的养老基金投资计划与员工的持股计划（ESOP）捆绑起来。也就是说，同时参加这两项投资计划的员工，如果能通过其中一项获得更多利益的话，那么它通过另一项获得的利益就会被抵消。"底线-抵消"方式是合

法的，被不少公司沿用至今。在安然公司，有近 10 000 名员工同时参加了两项计划。

大公司选择这种投资方式运作养老基金的最重要的原因是可以大大缩减福利开支，而员工之所以愿意接受这种投资安排是因为他们得到了公司的承诺，保证他们可以从那项收益更多的投资计划中得到实惠。既使公司的股价暴跌，他们仍然至少可以通过员工的养老金投资计划得到一个收益的底线。

根据《华尔街日报》，公司高层运作和计算员工养老金收益的办法是按照 1996～2000 年安然股价迅速攀升时的市价，即每股 37.75～43.44 美元来虚拟员工在员工持股计划中的收益，然后再据这种锁定的高价计算出的高收益来抵消员工在 1987～1995 年的养老基金收益。实际上员工在持股计划中的收益根本没有安然公司想象得那么高。

安然公司高层对员工养老金计划的管理采用的是欺骗和"暗箱操作"的方式，这也是造成安然公司员工养老基金损失惨重的主要原因。当安然的股票直线下坠，直到分文不值时，安然的管理者们竟然还在按照原来锁定的高水平股价计算出的收益去抵消员工们的养老金所得。

安然公司高层主管在安然破产的前 20 天，还通过电子邮件向安然员工发布安然股票运行正常的虚假信息，欺骗员工继续坚持下去。调查人员透露，在 2001 年 8 月中下旬，就在安然的股价已从 85 美元大跌到 37 美元之后不久，董事长肯尼思·莱曾在短短几天里连续两次向全体员工发送电子邮件，表示"对公司的前景从来没有像现在这么感觉良好"，并称安然目前的首要任务是恢复公司股价的辉煌业绩，他对"股价大幅上涨"有信心。同时，在公司破产之前，当安然股票在 4 周内快速缩水 2/3 的紧要关头，对包括 50 岁以上人员在内的所有员工都禁止抛出个人退休基金账户中的安然股票。

然而，莱本人却自 1998 年 10 月以来，总共出售了 1 亿多美元的安然股票，其中 2001 年一年就抛售了 4000 万美元的安然股票。该公司的其他 29 位高级主管也在股价崩盘之前，相继抛出了 1730 万股，兑现了 11 亿美元巨额现金。安然的破产，最终使员工 10 多亿美元的养老金储蓄付之东流，血本无归。

思考题：

1. 安然公司的教训是深刻的，安然事件反映了什么问题？

2. 怎么解决这些问题？

参 考 答 案

一、单项选择题

1. D	2. C	3. A	4. A	5. C
6. C	7. D	8. C	9. D	10. B

二、简答题

1. 员工福利是一个综合性的概念，员工福利也称职业福利、单位福利，是用人单位基于雇佣关系，依据所在国家的相关法律和规定，为改善与提高员工的生活水平，增加员工的生活便利度，通过福利设施和建立各种补贴，向员工个人及家庭所提供的实物给付或福利性服务。本质上，员工福利只是一种补充性报酬，根据其内容的不同，存在多种形式，包括全员性福利、特殊福利、困难补助等。

2. 一是法定福利。法定福利是指依据国家的相关政策、法律和法规，企业必须要为员工提供的一系列福利保障计划，由企业和雇员分别按工资收入的一定比例缴纳社会保障税，其目的在于降低受了严重工伤或失业的工人陷入贫困的可能性，保障他们的被赡养人的生活，以及维持退休人员的收入水平。我国目前的法定福利主要有养老保险、失业保险、医疗保险、生育保险、工伤保险和住房公积金。

二是非法定福利。非法定福利是指组织根据自身的发展需要和员工的需求选择提供的福利项目，员工非法定福利比法定福利计划种类更加多，也更加灵活，它包括多种形式，主要可分为收入保障计划、健康保障计划和员工服务计划三种。

3. 医疗保险是指国家立法规定并强制实施的、在人们生病或受伤后由国家或社会给予一定的物质帮助，即提供医疗服务或经济补偿的一种社会保险制度。医疗保险具有与劳动者的关系最为密切、和其他人身保险相互交织、存在独特的第三方付费制、享受待遇与缴费水平不是正相关等特点。医疗保险具有强制性、互济性和社会性等特点。

4. 弹性福利计划又被称为"自助餐式的福利计划"，它起源于 20 世纪 70 年代，为员工提供了多种不同的福利选择方案，从而满足了不同员工的不同需求。这种福利计划一共可以划分为三种类型：全部自选（全部福利项目均可自由挑选）、部分自选（有些福利项目可以自选，有些则是规定好的福利项目）及小范围自选（可选择的福利项目比较有限）三种。但是，无论是哪一种弹性福利计划，都具有最重要的一个特征，这就是弹性福利计划的个性化和可选性。

5. 福利工作的重点在于项目的规划开发和管理。怎样管好项目、把握好重点是福利预算必须回答的问题，福利工作的特点之一就是如何有效地把企业的资金花在员工身上。怎样保证花的钱有效，预算就起到一个很关键的作用，也就是说通过预算就可以知道要花多少钱，而且钱转化成员工效益的时候，效益大概是怎样的。比如，人身意外伤害保险，每年花在员工身上金额不少，如果员工发生了意外伤害而得到了赔偿，那么这就是效益。一般来讲，各种各样的意外都会有，一年下来的赔偿对企业来说可能算不上什么重要的事，但是对当时的员工意义就非常重大，效益就体现出来了。要把钱花到很值得的地方，就需要很好地预算。对资金的来源、数量及使用要求了如指掌才能把钱花得恰到好处。

三、论述题

1. 员工福利从不同角度来理解有不同的定义，员工福利的概念本身又有广义和狭义之分。广义上的员工福利有三层意义：一是雇员作为一个合法的国家公民，有权享受政府提供的文化、教育、卫生、社会保障等公共福利和公共服务；二是雇员作为用人单位的一员，可以享受用人单位提供的各种集体福利；三是除了得到工资收入，雇员还可以得到用人单位为其及其家庭提供的实物和服务等福利。狭义上的员工福利指用人单位为雇员及其家庭提供除工资外的货币、实物和其他一些服务形式。中外学者对于员工福利也没有完全一致的定义，但大家对于员工福利的界定都秉持几个相同的要点：①员工福利是基于广义的福利与用人单位提供的整体报酬的交叉概念；②员工福利的支付形式多种多样，包括实物、现金和各种服务；③员工福利中的一些项目的提供与否受到国家相关法律和法规的约束；④员工福利具有久远的历史，在各用人单位或多或少已经存在。

2. 养老保险制度是国家和社会根据一定的法律和法规，为解决劳动者在达到国家规定的解除劳动义务的劳动年龄界限，或因年老丧失劳动能力退出劳动岗位后的基本生活而建立的一种社会保险制度。其具有强制性、互济性、储备性、社会性等特点。目前世界上实行养老保险制度的国家可分为三种类型，即投保资助型（也叫传统型）养老保险、强制储蓄型养老保险（也称公积金模式）和国家统筹型养老保险。养老保险具有以下几个特点：①强制性。由国家立法，强制实行，企业单位和个人都必须参加，符合享受养老保险条件的人，可向社会保险部门领取养老金。②互济性。养老保险费用的来源一般由国家、用人单位和个人三方或者单位和个人双方共同承担，并实现广泛的社会互济。③储备性。参加者按照规定缴纳费用作为基金以备储存待用。就员工而言，从参加养老保险开始便按照规定长期缴费，等于为自己储蓄了一笔长期资金，以供年老无工作能力时享用；就社会而已，也是一种储蓄基金。④社会性。养老保险具有影响很大的社会性，享受的人数众多而且时间比较长，支出费用庞大，因此，必须设立专门机构，以便实行现代化、专业化和社会化的统一规划和管理。

3. 工伤保险又称职业伤害保险或伤害赔偿保险，是指依法为在生产工作中遭受事故伤害和患职业性疾病的劳动者及其亲属提供医疗救治、生活保障、经济补偿、医疗和职业康复等物质帮助的一种社会保险制度。我国现行的工伤保险制度有三条实施原则，即无过失补偿原则；风险分担、互助互济原则；个人不缴费的原则。工伤保险具有以下几个重要作用：①工伤保险作为社会保险制度的一个组成部分，是国家通过立法强制实施的，是国家对职工履行的社会责任，也是职工应该享受的基本权利。工伤保险的实施是人类文明和社会发展的标志和成果。②工伤保险保障了工伤职工医疗及其基本生活，伤残抚恤和遗属抚恤，在一定程度上解除了职工和家属的后顾之忧，工伤补偿体现出国家和社会对职工的尊重，有利于提高他们工作的积极性。③建立工伤保险有利于促进安全生产，保护和发展社会生产力。工伤保险与生产单位改善劳动条件、防病防伤、安全教育、医疗康复、社会服务等工作紧密相连。对提高生产经营单位和职工的安全生产，防止或减少工伤、职业病，保护职工的身体健康，至关重要。④工伤保险保障了受伤害职工的合法权益，有利于妥善处理事故和恢复生产，维护正常的生产、生活秩序，维护社会安定。

4. 健康保障计划也叫商业健康保险，由于社会医疗保险保障的范围和程度的有限性，客观上为企业建立补充性的医疗保险留下了空间。在发达国家，企业健康保障计划已经成为企业的一项常见的福利措施。例如，在美国，企业通过至少三种方式为员工提供健康福利计划。一是参加商业保险，美国没有健全的全民社会医疗保险制度，只有为老人、残疾人和贫穷人口建立的医疗照顾和医疗救助制度。二是参加健康保险组织。为了控制医疗费用的快速增长，美国在 20 世纪 80 年代出现了一种新型的医疗保险机构，比较有名的是健康维护组织和选择服务者组织，健康维护组织是将医疗保险机构和医院的职能合二为一。三是参加某个项目的保险。比较常见的是牙科保险和视力保险，通常这两个项目属于一般保险的除外责任，员工看病要自付医疗费用开支。因此，投保这两个保险可以减轻员工的就医负担。在我国，由于城镇职工基本医疗保险制度的局限，也有一些企业为员工建立了补充性医疗保险计划。这些计划基本上都是针对基本医疗保险费用开支。典型的有商业保险公司经营的补充保险、工会组织主办的补充保险和社会保险经办机构举办的补充保险等。

5. 虽然很多企业是因为其他企业实施弹性福利计划而被迫实施的，但是，更多企业却是有意无意地在从全面薪酬管理的角度来分析自己的福利提供行为。这是因为，推行弹性福利计划不仅能够提供最适合员工需要的福利组合，还能够更好地控制福利成本。弹性福利使得员工能够看清自己的权利和义务，同时也是提高企业福利成本的投资回报率的一种重要手段。企业在控制住弗里德成本开支之后，可以将节约下来的钱投入到绩效奖励方面，从而增强对员工的激励性。此外，弹性福利计划通过提高员工的自主选择权，促进了员工和企业之间的沟通，强化了企业和员工之间的相互信任关系，从而有利于提高员工的工作满意度。自助餐式的福利计划从本质上改变了传统的福利制度，从一种福利保险模式转变为一种真正的薪酬管理模式，从一个固定的福利方案转变为一个固定的资金投入方案（由员工的福利收益固定转变为企业的福利投入固定）。这就使得企业不再是被福利所套牢，而是能够根据具体情况来控制资金的支出。

四、案例分析

1. 反映出了以下几个问题：

（1）忽视了对自我投资的限制，在安然养老金计划的 21 亿美元资产中，安然股票占了 58%，而且多数雇员都有很长的禁售期，在股票崩盘时无法出手，导致了巨大的损失。自我投资的风险巨大，如果年金基金的委托人，即年金计划的举办企业发生经营困难，甚至倒闭，企业的股票就会大打折扣，损失惨重。安然公司养老金计划的破产，很重要的一个原因就是忽视了对自我投资的限制。

（2）违背了分散投资的原则，安然公司养老金资产投资过分集中于本公司的股票，将风险聚集在本企业的经营效益上，不利于分散投资风险。固然，以员工的退休保险基金购买本公司股票成本较低，省去了很多中间费用，促进了企业的凝聚力和员工的主人翁意识，有利于企业的建设。但是作为一项为了获取收益的投资而言，这一做法违背了分散投资来规避风险的原则。企业制订养老金计划首先要考虑的应该是资金的安全性，应当区别于股权激励等其他形式的措施。

（3）公司在企业年金治理结构中的角色不当，在安然养老金计划中，公司担任着年金理事会、投资决策人等多种角色，并对其他机构，如账户管理人施加过大的影响。根据美国现行法律，雇主的责任是通过企业内部成立的理事会（投资委员会）或指派的受托人对退休金计划资产的投资工具做出决定，然后由雇员具体决定如何将自己个人账户的资产在给出的投资工具中进行投资分配。美国《雇员退休金保障法》规定，如果雇主为其提供了充分准确的投资信息，雇主将不会为因雇员所做的具体投资决定而导致的资产损失负法律责任；但是如果雇主在投资工具选择中没有遵循妥善和谨慎的受托人职责的话，他要为投资失败负责。安然公司既是受托人，又作为年金投资管理人给出错误的投资决策建议，在企业年金治理结构中角色混淆，其目的是为自身谋取不正当利益。

（4）公司高管与员工信息不对称和欺骗误导行为，使员工不能进行正确选择和保护自身利益，从安然案例看，企业治理结构不完善给养老基金运作造成了致命打击。安然的养老基金管理中，对员工的自身利益的维护得不到体现。公司管理层虽然允许员工自己决策养老金的投资，但企业给出的建议投资方案往往是包含自己股票在内的几种简单方案，诱导员工的决定。相比之下，多数员工还是会选择本公司的股票。另外，雇主与雇员在信息上完全不对称和传递错误信息导致雇员对自己的投资风险一无所知，最终酿成雇员的重大损失。

（5）外部缺乏有效监督，中介机构失职，安然公司的治理结构不健全，使企业年金缺乏有效的内部监管；而外部监管的同样乏力使其基本上处于失控状态。首先政府的监管没有到位，其次由于担当外部监督的金融机构为了利润为企业提供虚假报告，如安达信公司对安然审计不实、美林公司为其虚造利润、花旗银行和摩根大通为其隐瞒巨大债务等，使养老金运作缺乏客观公正的外部监管。

（6）员工缺乏风险意识，对养老金认识不足，在安然案件中，公司对员工的误导是形成损失的重要原因，但员工自身对养老金运作的认识不足、风险意识淡薄也是不可忽视的原因。

2. 可以按以下措施解决问题：为了从安然案件中吸取教训，布什政府决定对企业养老金计划进行改革。2002年3月1日美国总统布什专门提出了一项退休金制度改革计划，强调其目的是为了更好地保护公司员工的退休金，使员工在处理自己的退休储蓄账户时，有更大的自主权。具体内容包括：①在加入公司退休储蓄养老金计划3年后，员工有权出售公司的股票，并选择其他的投资方式；②公司在禁止出售股票时，主管与员工应一视同仁；③公司应该在禁止出售股票前30天通知员工；④公司应每个季度向员工报告其退休储蓄账户的情况。（答案需结合案例进行论述，酌情给分。）

第*12*章 薪酬管理研究和实践的发展趋势

考核内容

 通过对本章内容的学习，掌握薪酬管理研究和实践的发展趋势的基本理论知识，内容包括"人本管理"和"能本管理"的含义、薪酬概念认识变化、薪酬管理实践的效果评估、基于胜任力的薪酬管理模式、薪酬管理的信息化和外包、薪酬管理研究发展趋势。

 考核的关键知识点包括：①薪酬管理思想和理念发展趋向；②人本管理和能本管理的含义；③对薪酬概念的认知水平的更新，薪酬公平的新理解；④薪酬管理技术与方法的发展趋向；⑤薪酬概念认识变化，薪酬管理实践的效果评估；⑥基于胜任力的薪酬管理模式，薪酬管理的信息化和外包；⑦薪酬管理制度发展趋势；⑧薪酬管理研究发展趋势。

本章要点

1. 薪酬管理思想和理念发展趋向：①以"人本管理"及"能本管理"为核心思想；②对薪酬概念的认知水平的更新；③对薪酬公平的新理解；④长期激励的薪酬计划日益受到重视；⑤行为科学和心理学的广泛应用。

2. "人本管理"及"能本管理"理念将成为薪酬管理的核心思想。"人本管理"强调以人为本，让企业去适应并满足员工的需求，最终使企业与员工共同发展；"能本管理"是一种以能力为本的管理，是"人本管理"发展的新阶段，它是通过采取有效方法，最大限度地发挥人的能力，从而实现能力价值的最大化，把能力作为组织发展的推动力量。

3. 薪酬概念的演变过程：从实物工资（real wage）到货币工资（money wage）；从货币工资再演化为工资（wage）和薪水（salary）的区分；从纯粹意义上的工资制度（payment system），发展到包含非货币福利和延期支付的薪酬（compensation）或报酬（reward）概念。

4. 公平性包括：①内部公平（内部一致性），是指在组织内部不同职位之间的薪酬水平对比，应让员工感到本人所从事工作和所获得报酬是公平公正的，内部一致性体现在根据组织制定的不同的价值等级应支付相应的薪酬；②外部公平（外部竞争性），是指本组织员工将本人薪酬与其他组织中从事同样工作员工的薪酬相比，应当感到公平合理，否则，本组织将在本行业和相关劳动力市场上具有较弱的竞争力，难以吸引和留住人才；③个人公平（员工个人贡献的可比性），是指员工所得报酬要能公平地反映其对组织的贡献，具体员工薪酬的确定要能够体现个体差异、绩效差异、技能差异和资历差异等因素。

5. 一个有效的薪酬体系需要具备四个基本特征：内部公平性（按照员工工作的相对价值公平地支付薪酬）、外部竞争性（参考市场的工资水平为员工支付薪酬）、对个人的激励性和薪酬本身的可操作性。

6. 薪酬管理实践的效果评估要素包括：①企业角度的评估因素，即人工成本的控制、薪酬制度的合法性、薪酬管理实践的有效性；②员工角度的评估因素，即员工的公平感、员工的满意感、人员的流动率。

7. 薪酬调查提供的信息包括：①外部信息，明确企业薪酬水平在市场中的位置，了解竞争者在做什么，获知本行业的薪酬发展趋势；②内部信息，回顾企业的薪酬和福利政策，建立、健全标准的岗位职位体系，了解员工满意度。

8. 胜任力是指绩优员工所表现的知识、技能和行为方式等特质。基于胜任力的薪酬管理模式是根据员工所具备的知识、技能和对企业价值的认同程度来确定其薪酬水平，可以更好地反映企业的竞争策略，强化核心价值观，促进企业建立和维持关键的成功因素。

9. e-HR是指网络人力资源管理系统或电子化的人力资源管理系统，它通过现代信息技术手段，帮助企业建立人力资源服务的网络系统。一套完整的 e-HR 系统能涵盖所有人力资源工作，组织管理、人员管理、薪酬管理、合同管理等都是必不可少的内容，其中的薪酬管理模块主要提供工资、奖金、红利等的核算及管理功能。

10. 薪酬管理外包是指企业与其外部服务承办机构之间建立合作伙伴关系，由外部专家负责该企业薪酬部门的日常管理工作，将管理者从事务性工作中解脱出来，使其有更多精力关注战略性工作。薪酬管理外包可分为全部外包和部分外包两种。全部外包是指客户企业将薪酬管理工作全部委托给专业的中介机构进行，部分外包是指客户企业将薪酬管理工作中的部分外包给专业的中介机构进行。

11. 薪酬管理制度的发展趋势：①雇员激励长期化，薪酬股权化；②薪酬管理制度多元化；③薪酬等级宽带化；④薪酬管理制度团队化；⑤薪酬激励长期化；⑥薪酬管理制度弹性化；⑦薪酬管理制度个性化；⑧薪酬管理制度透明化、公开化；⑨薪酬管理制度全面化。

12. 基于技能的薪酬管理制度，是指企业根据员工所掌握的与工作有关的技能、能力及知识的深度和广度来支付基本薪酬的制度，通常适用于技术、管理和专业人才；基于绩效的薪酬管理制度，是指一种将薪酬与特定绩效目标相联系的薪酬管理制度，它不是由任职资格所保证的，必须依靠努力去赚取，而且，绩效薪酬数额随待定绩效目标完成状况而浮动。

13. 薪酬等级宽带化是指将工资等级线延长，将工资类别减少，由原有的十几个减少至3～5个，在每种类别上，包含着更多的工资等级和工资标准，各类别之间工资标准交叉。

14. 团队化的薪酬管理制度，是基于团队的工作方式而言的薪酬管理制度，目的是用最少的薪酬，最大限度地激发团队中的每一个成员的工作潜能，构建最有效率的团队组织管理模式，淘汰团队中的不必要成员，这种竞争促进团队相互交流合作，从而实现共同的目标。

15. 长期化的薪酬管理制度是指企业通过一些政策和措施引导员工在一个比较长的时期内自觉地关心企业的利益，而不是只关心一时一事，目的是为了留住关键的人才和技术，稳定员工队伍。

16. 薪酬管理制度弹性化主要表现在：企业的整体薪酬水平随企业的经营状况和绩效水平变化上下浮动；扩大变动薪酬的比率；完善和严格执行绩效考核制度，将员工的绩效与其薪酬直接挂钩。

17. 薪酬管理制度个性化是指企业根据其员工个人在个性、偏好（需求）、目标价值和相应行为的差异，针对组织内不同类型的员工，实施不同的薪酬策略，设计不同的薪酬方案，量身定做不同的薪酬管理制度；企业按照自己的发展目标和战略、组织结构和员工队伍的特点、行业和产品的性质、市场环境和竞争状况等因素来设计薪酬管理制度。

18. 薪酬管理研究的发展趋势：①胜任力薪酬管理；②需求化薪酬管理；③战略性薪酬管理；④自助式薪酬管理；⑤泛化的薪酬管理；⑥国际化薪酬管理；⑦薪酬管理与技能和业绩挂钩；⑧宽带薪酬管理；⑨CREP假说；⑩公平分配与薪酬管理；⑪薪酬管理研究与实践结合。

同步综合练习题

一、单项选择题

1. 现代薪酬管理指导思想最根本的变化是（　　　）。
   A. 能本管理　　　　　　　　　　B. 人本管理
   C. 风险管理　　　　　　　　　　D. 绩效管理

2. 一个有效的薪酬体系的基本特征不包括（　　　）。
   A. 内部公平性　　　　　　　　　B. 外部竞争性
   C. 合法性　　　　　　　　　　　D. 对个人的激励性

3. 通过薪酬调查，企业可以获得的信息不包括（　　　）。
   A. 本行业薪酬发展趋势　　　　　B. 员工的能力水平
   C. 竞争者在做什么　　　　　　　D. 企业的薪酬和福利政策

4. e-HR 是指（　　　）。
   A. 网络人力资源管理系统
   B. 网络薪酬管理系统
   C. 人力资源管理系统
   D. 绩效薪酬管理系统

5. 企业将企业薪酬部门的日常工作交由外部服务承办机构负责是（　　　）。
   A. 薪酬管理外包　　　　　　　　B. 职位评价
   C. 职位分析　　　　　　　　　　D. 薪酬沟通

6. 下面（　　　）不是基于技能的薪酬管理制度适用的对象。
   A. 技术人员　　　　　　　　　　B. 管理人员
   C. 专业人员　　　　　　　　　　D. 后勤人员

7. 绩效薪酬管理制度计算薪酬的依据是（　　　）。
   A. 员工满意度　　　　　　　　　B. 个人工作成果
   C. 员工忠诚度　　　　　　　　　D. 个人工作效率

8. 薪酬等级宽带化是指（　　　）。
   A. 将工资等级线缩短　　　　　　B. 将工资类别减少
   C. 将工资类别增多　　　　　　　D. 将工资等级线加宽

9. 根据员工的不同偏好、企业的不同特点来设计的薪酬管理制度是（　　　）。
   A. 薪酬管理制度透明化　　　　　B. 薪酬管理制度公开化
   C. 薪酬管理制度个性化　　　　　D. 薪酬管理制度弹性化

10. 能本管理的理论前提是（　　　）。
   A. "社会人"假设　　　　　　　　B. "能力人"假设
   C. "经济人"假设　　　　　　　　D. "复杂人"假设

二、简答题

1. 对薪酬概念的认识水平更新表现在哪些方面？

2. 公平性的类型有哪些？

3. 实行绩效薪酬管理制度的优点有哪些？

4. 基于胜任力薪酬管理模式的优点有哪些？

5. 薪酬管理方法和技术的发展趋势有哪些？

三、论述题

1. 论述薪酬管理思想和理念的发展趋势。

2. 论述人本管理与能本管理的区别。

3. 论述薪酬管理实践效果评估需要考虑的因素。

4. 论述对薪酬等级宽带化的评价。

5. 论述薪酬管理制度的发展趋势。

四、案例分析

星巴克的薪酬管理发展

星巴克咖啡公司创建于 1987 年。现任的董事长兼首席执行官是霍华德·舒尔兹，他于 1982～1985 年与公司的最初创始人一起共事，后来买下了这家公司。在 1987 年时，星巴克公司有 11 家店；1982～1992 年，该公司仍是私营企业，但却以令人震惊的年均 80％的增长速度增 150 家店，星巴克咖啡公司 1992 年在纳斯达克上市并成为当年首次上市最成功的企业，其销售额平均每年增长 20％以上，利润增长平均在 30％以上，星巴克的股价上涨了 2200％，已成为世界上增长最快的品牌之一；1997 年星巴克与日本 SAZABY Inc. 合资，在日本开店，此时全球分店数为 1015 家；1998 年星巴克陆续在海外建立分店，包括中国、新加坡、瑞士、德国等 60 多个国家，1998 年 3 月，美国星巴克进入台湾，1999 年 1 月进入北京，2000 年 5 月进入上海；2004 年星巴克全球分店已达 7600 多家。

今天，星巴克公司已经成为北美地区一流的精制咖啡的零售商、烘烤商及一流品牌的拥有者。在北美、英国及环太平洋地区拥有 1800 家店铺，在中国分店已达 270 多家，和布瑞尔公司（生产咖啡冰淇淋）及百事可乐公司达成了战略伙伴关系。

从上述可以看出，星巴克公司已走过发展的许多阶段，人力资源和全面薪酬体系也应该随之发展。在 20 世纪 80 年代后期，该公司还只是只有一个重点产品的区域性公司。公司的人力资源部主要由行政管理人员组成——一群聪明、有主意、以事业为中心的人，但他们同时常常陷于日常事务的处理，大部分的工作由外部咨询师作指导。这期间的报酬和福利（它们将发展为全面薪酬功能）具有 401（K）计划中的内容。401（K）计划为美国退休金制度中的重要一环，由于此项鼓励措施规定于《美国税法典》（*Internal Revenue Code*，IRC）第 401 条 K 款中，因此简称为 401（K）计划。401（K）计划旨在利用延迟税负的优惠措施，鼓励民众储蓄部分税前收入，以弥补社会福利之不足。401（K）计划采用确定提拨制（defined contribution），受雇者于受雇期间，依规定定期提拨薪资的某一比例至个人退休基金账户，雇主也需依规定配合提拨款项至该账户，受雇者的退休金完全取决于退休时该账户的提拨款总额及收益，因此投资风险由受雇者自负。由于受雇者退休时所得较低，且享受较多的税率优惠，所以退休时负担的税负亦相对减轻。

在 20 世纪 90 年代早期，星巴克发展成真正的全国性公司，拥有多条产品线。人力资源经理发展成为项目经理，它们从行政职能转变为人力资源管理职能，为业务提供产品和工具。一些不能为公司提供核心竞争力的东西开始采用外购的方式。公司继续进行人力资源职能更强的自动化服务。报酬和福利成为全面薪酬的一部分，包括额外医疗福利、医疗照顾、同工同酬及员工辅助方案等。

随着公司进入 21 世纪，在业务范围和业务重点上将更加国际化。同时，人力资源已把自身确定为业务领导的职能，即技术型发展的企业整合所有的业务单位，人力资源提供业务咨询和战略管理。公司建立了无数的零售商合作伙伴，提高了整体报酬的水平。公司执行一体化的国内及国际人力资源计划，以支持业务战略的发展。

思考题：

星巴克的薪酬体系是如何与它的战略及组织文化相匹配的？

参 考 答 案

一、单项选择题

1. B	2. C	3. B	4. A	5. A
6. D	7. B	8. B	9. C	10. B

二、简答题

1. 对薪酬概念的认识水平更新表现在：从"工资"到薪酬；薪酬是企业投资；战略性薪酬；全面薪酬；薪酬是连接雇主和员工互利关系的纽带。

2. 公平性分为内部公平（内部一致性）、外部公平（外部竞争性）和个人公平（员工公平）三个部分。

3. 实行绩效薪酬管理制度的优点有：良好的激励效果、吸引和留住优秀人才、满足员工自我实现的需要。

4. 基于胜任力的薪酬管理模式的优点如下：提高员工专业知识和技能水平，促进组织核心能力的形成；提高员工综合素质，增强员工对企业的认同度；吸引和保留高素质人才；促进企业战略的有效执行；增强团队合作。

5. 薪酬管理方法和技术的发展趋势是：薪酬管理实践的效果评估；对薪酬调查的日益重视；基于胜任力的薪酬管理模式；薪酬管理的信息化；薪酬管理的外包。

三、论述题

1. 薪酬管理思想和理念的发展趋势：以"人本管理"及"能本管理"为核心思想；对薪酬概念的认知水平的更新；对薪酬公平的新理解；长期激励的薪酬计划日益受到重视；行为科学和心理学的广泛应用。

2. 人本管理与能本管理的区别主要表现在以下几个方面：①要求不同。基于人本管理的观点是任何组织都是由人组成、由人运作的，能本管理则认为，对于组织的成员而言，必须以提高能力和更好地发挥其能力作为证明其自身价值的唯一途径，必须以发挥人的能力和实现能力的优化组合作为组织的主要任务。②目的不同。人本管理本质上是以促进人自身自由、全面发展为根本目的，而且人本管理所理解的人是一个完整意义上的人，虽然能本管理也强调员工与组织的共同发展，但是它与人本管理不同，它在本质上却将管理中的人视为一种能力资源。③本质不同。人本管理的本质是"重视人、尊重人、服务于人"，能本管理的本质是突出人的实践及创新能力这一人性的根本内容，以能力来衡量人的价值，一切活动首先应围绕如何充分发挥人的能力运转，其他都应让位于能力。

3. 薪酬管理实践效果评估需要考虑如下因素：①企业角度，即人工成本的控制、薪酬制度的合法性、薪酬管理实践的有效性；②员工角度，即员工的公平感、员工的满意感、人员的流动率。

4. 薪酬等级宽带化的优点：打破了传统薪酬结构所维护和强化的等级制；有利于提升企业的核心竞争优势和企业的整体绩效；有利于员工个人技能的增长和能力的提高；有利于职位轮换，促进员工全面发展。

5. 薪酬管理制度主要有以下几个发展趋势：雇员激励长期化，薪酬股权化；薪酬管理制度多元化；薪酬等级宽带化；薪酬管理制度团队化；薪酬激励长期化；薪酬管理制度弹性化；薪酬管理制度个性化；薪酬管理制度透明化、公开化；薪酬管理制度全面化。

四、案例分析

管理以文化为基础，要把企业文化放在重要位置，以企业文化来指导战略性薪酬体系的设计与变革。战略性薪酬体系的设计包括三个层面：①战略层面。从企业的经营战略出发，明确企业经营战略对企业人力资源管理的要求制定企业的薪酬战略。②执行层面。在薪酬战略指导下，按照战略性薪酬体系设计的八大基本原则——战略导向、公平、竞争、激励、经济性、合法性、分享和体现员工价值原则，制定企业的薪酬设计制度和薪酬实施两部分。③技术层面。企业的薪酬体系在薪酬战略、薪酬设计的统筹指导下，完成企业最终价值分配的重要部分。（具体分析需要结合案例具体情况进行分析，视情况酌情给分。）

全真模拟演练（一）

（考试时间 150 分钟）

总分		题号	一	二	三	四	五
核分人		题分	10	25	25	20	20
复查人		得分					

一、单项选择题 （本大题共 10 小题，每小题 1 分，共 10 分。在每小题列出的四个备选项中有一个是符合题目要求的，请将其代码填写在题后的括号内。错选、多选或未选均无分）

1. 薪酬水平体现了薪酬的（　　　）。
   A. 内部公平　　　　　　　　　B. 外部公平
   C. 激励性　　　　　　　　　　D. 竞争力

2. 公平理论是（　　　）提出来的。
   A. 马斯洛　　　B. 亚当斯　　　C. 弗鲁姆　　　D. 赫茨伯格

3. 在运用面谈法进行工作分析时，以下哪些行为是不可取的（　　　）。
   A. 面谈过程中十分尊重访谈对象，态度十分诚恳
   B. 面谈过程中十分认真地进行记录
   C. 在面谈中过程，主要是采取启发式的提问方式
   D. 面谈过程中，时常打断被访谈者说话，并对某些问题主动发表自己的看法和观点

4. 全面考虑了员工对企业投入的工资结构类型是（　　　）。
   A. 绩效工资制　　　　　　　　B. 技能工资制
   C. 岗位工资制　　　　　　　　D. 组合工资制

5. 战略性薪酬管理的核心是（　　　）。
   A. 薪酬战略　　　B. 薪酬决策　　　C. 薪酬计划　　　D. 薪酬结构

6. （　　　）也称雇主歧视理论，主要分析劳动力市场上的就业歧视现象，该理论是对工资差别的非经济因素和外资因素的一种理论解释。
   A. 劳资谈判工资理论　　　　　B. 劳动力市场歧视理论
   C. 均衡价格工资理论　　　　　D. 边际生产力工资理论

7. 关键事件法中的关键事件记录不包括（　　　）。
   A. 关键行为的后果　　　　　　B. 员工特别有效或多余的行为
   C. 导致事件发生的原因和背景　D. 员工的工作内容与工作过程

8. 对于不同种类的职位，它的职位评价方案应该（　　）。

    A. 个性化   B. 复杂化   C. 普遍化   D. 简单化

9. 以人为基础的工资体系，是根据（　　）来确定员工的薪酬。

    A. 职位的价值大小   B. 岗位的价值大小

    C. 员工具备的与工作相关的能力高低 D. 员工的学历

10. 被誉为素质研究之父的是（　　）。

    A. 麦克利兰   B. 德鲁克

    C. 斯潘塞   D. 科斯

二、名词解释（本大题共 5 小题，每小题 5 分，共 25 分）

11. 可变薪酬

12. 收入效应

13. 工作评价

14. 内部公平

15. 基本工资

三、简答题（本大题共 5 小题，每小题 5 分，共 25 分）

16. 简述岗位横向分类原则。

17. 简述影响薪酬等级数量设计的因素。

18. 简述一个合理有效的薪酬管理制度应具有哪些特点。

19. 简述战略性薪酬管理的核心。

20. 简述职位/岗位薪酬管理体系的优点。

四、案例分析（本题 20 分）

21. **星巴克的薪酬管理发展**

星巴克咖啡公司创建于 1987 年。现任的董事长兼首席执行官是霍华德·舒尔兹，他于 1982～1985 年与公司的最初创始人一起共事，后来买下了这家公司。在 1987 年时，星巴克公司有 11 家店；1982～1992 年，该公司仍是私营企业，但却以令人震惊的年均 80％的增长速度增 150 家店，星巴克咖啡公司 1992 年在纳斯达克上市并成为当年首次上市最成功的企业，其销售额平均每年增长 20％以上，利润增长平均在 30％以上，星巴克的股价上涨了 2200％，已成为世界上增长最快的品牌之一；1997 年星巴克与日本 SAZABY Inc. 合资，在日本开店，此时全球分店数为 1015 家；1998 年星巴克陆续在海外建立分店，包括中国、新加坡、瑞士、德国等 60 多个国家，1998 年 3 月，美国星巴克进入台湾，1999 年 1 月进入北京，2000 年 5 月进入上海；2004 年星巴克全球分店已达 7600 多家。

今天，星巴克公司已经成为北美地区一流的精制咖啡的零售商、烘烤商及一流品牌的拥有者。在北美、英国及环太平洋地区拥有 1800 家店铺，在中国分店已达 270 多家，和布瑞尔公司（生产咖啡冰淇淋）及百事可乐公司达成了战略伙伴关系。

从上述可以看出，星巴克公司已走过发展的许多阶段，人力资源和全面薪酬体系也应该随之发展。在 20 世纪 80 年代后期，该公司还只是只有一个重点产品的区域性公司。公司的人力资源部主要由行政管理人员组成——一群聪明、有主意、以事业为中心的人，但他们同时常常陷于日常事务的处理，大部分的工作由外部咨询师作指导。这期间的报酬和福利（它们将发展为全面薪酬功能）具有 401（K）计划中的内容。401（K）计划为美国退休金制度中的重要一环，由于此项鼓励措施规定于《美国税法典》（Internal Revenue Code，IRC）第 401 条 K 款中，因此简称为 401（K）计划。401（K）计划旨在利用延迟税负的优惠措施，鼓励民众储蓄部分税前收入，以弥补社会福利之不足。401（K）计划采用确定提拨制（defined contribution），受雇者于受雇期间，依规定定期提拨薪资的某一比例至个人退休基金账户，雇主也需依规定配合提拨款项至该账户，受雇者的退休金完全取决于退休时该账户的提拨款总额及收益，因此投资风险由受雇者自负。由于受雇者退休时所得较低，且享受较多的税率优惠，所以退休时负担的税负亦相对减轻。

在 20 世纪 90 年代早期，星巴克发展成真正的全国性公司，拥有多条产品线。人力资源经理发展成为项目经理，它们从行政职能转变为人力资源管理职能，为业务提供产品和工具。一些不能为公司提供核心竞争力的东西开始采用外购的方式。公司继续进行人力资源职能更强的自动化服务。报酬和福利成为全面薪酬的一部分，包括额外医疗福利、医疗照顾、同工同酬及员工辅助方案等。

随着公司进入 21 世纪，在业务范围和业务重点上将更加国际化。同时，人力资源已把自身确定为业务领导的职能：即技术型发展的企业整合所有的业务单位，人力资源提供业务咨询和战略管理。公司建立了无数的零售商合作伙伴，提高了整体报酬的水平。公司执行一体化的国内及国际人力资源计划，以支持业务战略的发展。

案例思考：

星巴克的薪酬体系是如何与它的战略及组织文化相匹配的？

五、论述题（本大题共 2 小题，每小题 10 分，共 20 分）

22. 论述战略性薪酬的设计原则。

23. 论述宽带薪酬设计过程中需注意的问题。

全真模拟演练（一）参考答案及解析

一、单项选择题（本大题共 10 小题，每小题 1 分，共 10 分）

1. B	2. B	3. D	4. D	5. A
6. B	7. D	8. A	9. C	10. A

二、名词解释（本大题共 5 小题，每小题 5 分，共 25 分）

11. 可变薪酬也可称为奖励薪酬、浮动薪酬或者奖金，是薪酬体系中与绩效直接挂钩的部分，它是对员工超额劳动部分或劳动绩效突出部分所支付的奖励性报酬，旨在鼓励员工提高劳动效率和工作质量。（2 分）它着眼于正常劳动之外的超额劳动，随着劳动绩效的变动而变动，通过增强对员工的激励来促进企业绩效目标的达成。可变薪酬可分为短期可变薪酬和长期可变薪酬两种。（3 分）

12. 收入效应指由商品的价格变动所引起的实际收入水平变动，进而由实际收入水平变动所引起的商品需求量的变动。（3 分）它表示消费者的效用水平发生变化。（2 分）

13. 工作评价，也称为岗位评价、职务评价或者职位评价。工作评价是根据工作分析形成的结果，按照一定的标准，运用一定的方法对组织中各种职位或者岗位工作的相对价值进行综合性评定，并以此作为薪酬设计和员工评价的依据。（3 分）工作评价工作是以工作内容及责任、技能知识要求、工作努力程度、对组织的贡献程度大小及工作环境和风险等为基础开展的。（2 分）

14. 内部公平是指薪酬政策中的内部一致性，也就是说组织内部各成员按什么比例进行分配。内部公平的准则依据不是从事这个工作的员工个人特征，而是工作本身。（2 分）这意味着组织内部报酬水平的相对高低，应该以工作的内容为基础，或者以工作所需要的技能要求的复杂程度为基础，当然也可以是工作内容或技能要求的某种组合。（3 分）

15. 基本工资是指员工因完成工作而得到的周期性发放的货币性薪酬，其数额相对固定。（2 分）在企业支付能力一定的情况下，尽量将基本薪酬水平紧密地与竞争性劳动力市场保持一致，以保证组织能够获得高质量的人才。（3 分）

三、简答题（本大题共 5 小题，每小题 5 分，共 25 分）

16. （1）将组织内全部岗位，按照工作性质划分为若干大类，即职门。（1 分）

（2）将各职门内的岗位，根据工作性质的异同继续进行细分，把业务相同的工作岗位归入相同的职组，即将大类细分为中类。（2 分）

（3）将同一职组内的岗位再一次按照工作的性质进行划分，即将大类下的中类再细分为若干个小类，把业务性质相同的岗位组成一个职系。职系的划分是岗位横向分类的最后一步，每一个职系就是一种专门的职业。（2 分）

17. （1）企业的规模。企业规模越大，一般而言职位数越多，薪等越多。（1 分）

（2）企业的性质。智力和能力密集型的产业往往采用灵活的团队方式工作，组织层级相对扁平，薪等数相对较少。（1分）

（3）企业的组织结构。组织层级越多薪等越多，组织越趋于扁平化薪等相对较少。（1分）

（4）工作性质与特征。创造性、灵活性、技术性较高的职种内其职位薪等相对较少；规则性较高的职种内其职位薪等相对较多。（1分）

（5）企业文化和管理的倾向。一般而言，企业文化倾向于收入差别较大，薪等较多；倾向于平均则薪等可设得少一些。（1分）

18. 有效的薪酬管理制度应该具有以下几个特点：公平性（包括外部公平性和内部公平性）（1分）、竞争性、有效性（1分）、激励性（1分）、合法性（1分）和可操作性（1分）。

19. 战略性薪酬管理的核心是薪酬战略，是企业长期、整体的关于薪酬管理的设想和行动方案，（2分）是以企业发展战略为依据，根据企业某一阶段的内部、外部总体情况，正确选择薪酬策略，系统设计薪酬体系并实施动态管理，使之促进企业战略目标实现的活动。（3分）

20. 职位/岗位薪酬管理体系的优点主要有以下几点：①有助于保证薪酬分配的内部公平性；（1分）②有利于提高员工积极性；（1分）③有效传导组织战略；（1分）④有利于降低管理成本，集权管理。（2分）

四、案例分析（本题20分）

21. 答案要点如下：管理以文化为基础，要把企业文化放在重要位置，以企业文化来指导战略性薪酬体系的设计与变革。（3分）战略性薪酬体系的设计包括三个层面：①战略层面。从企业的经营战略出发，明确企业经营战略对企业人力资源管理的要求制定企业的薪酬战略。（3分）②执行层面。在薪酬战略指导下，按照战略性薪酬体系设计的八大基本原则——战略导向、公平、竞争、激励、经济性、合法性、分享和体现员工价值原则，制定企业的薪酬设计制度和薪酬实施两部分。（3分）③技术层面。企业的薪酬体系在薪酬战略、薪酬设计的统筹指导下，完成企业最终价值分配的重要部分（3分）。（相应答案应该结合案例材料进行发挥）（8分）

五、论述题（本大题共2小题，每小题10分，共20分）

22.（1）战略导向原则。战略导向原则强调企业设计薪酬时必须从企业战略的角度进行分析，制定的薪酬政策和制度必须体现企业发展战略的要求。（2分）

（2）经济性原则。薪酬设计的经济性原则强调企业设计薪酬时必须充分考虑企业自身发展的特点和支付能力。它包括两个方面的含义，短期来看，企业的销售收入扣除各项非人工（人力资源）费用和成本后，要能够支付起企业所有员工的薪酬；从长期来看，企业在支付所有员工的薪酬，以及补偿所用非人工费用和成本后，要有盈余，这样才能支撑企业追加和扩大投资，获得企业的可持续发展。（2分）

（3）体现员工价值原则。现代的人力资源管理必须解决企业的三大基本矛盾，即人力资源管理与企业发展战略之间的矛盾、企业发展与员工发展之间的矛盾和员工创造与员工待遇之间的矛盾。因此，企业在设计薪酬时，必须要能充分体现员工的价值，要使员工的发展与企业的发展充分协调起来，保持员工创造与员工待遇（价值创造与价值分配）之间短期和长期的平衡。（2分）

（4）激励作用原则。激励作用原则就是强调企业在设计薪酬时必须充分考虑薪酬的激励作用，即薪酬的激励效果。这里涉及企业薪酬（人力资源投入）与激励效果（产出）之间的比例代数关系，企业在设计薪酬策略时要充分考虑各种因素，使薪酬的支付获得最大的激励效果。（2分）

（5）相对公平原则。内部一致性原则是斯密公平理论在薪酬设计中的运用，它强调企业在设计薪酬时要"一碗水端平"。（1分）

（6）外部竞争性原则。外部竞争性原则前文已经提到过，它强调企业在设计薪酬时必须考虑到同行业薪酬市场的薪酬水平和竞争对手的薪酬水平，保证企业的薪酬水平在市场上具有一定的竞争力，能充分地吸引和留住企业发展所需的战略、关键性人才。（1分）

23.（1）薪酬宽带数量的确定。这里指的是薪资宽带数量的决策依据是组织中能够带来附加价值的不同员工的贡献等级到底应该有多少比较合适。实际上，在薪酬结构设计中设置多少个薪酬宽带并没有一个统一的标准，有的组织设计4～8个宽带，有的则设计10～15个。往往是在那些工作或者技能、能力要求存在较大差异的地方就是宽带之间的分界线。（2分）

（2）薪酬宽带的定价。在一个薪酬宽带中，往往包括很多类型的岗位，如财务、采购、销售、软件开发及工程设计等，但是不同的宽带中所要求的技能或者能力层次是存在差异的，同一宽带内各种不同职能的工作之间也会存在差异，所以，这要求企业制定合理的薪酬体系向职能各不相同却处于同一宽带的员工支付薪酬。理想的做法是参照市场薪资水平和薪资变动区间，在存在外部市场差异的情况下，对同一宽带之中的不同职能或职位族的薪资要分别定价。（2分）

（3）将员工放入薪酬宽带中的特定位置。如何将员工放在薪酬宽带中合适的位置是一个组织需要考虑和解决的一个重要的问题，因为如果处理不好，员工可能会产生不满，最终会对组织造成不利的影响。组织的经营文化及组织目标各不相同，因此在确定员工在薪酬宽带中的位置时要采用不同的方法。对于那些强调绩效的组织，应根据员工的绩效决定其在薪酬宽带中的位置；对于那些强调新技能获取的组织，则按照员工获取新技能的情况来确定其在薪酬宽带中的位置；对于强调员工能力的组织，则可以在综合考虑市场薪酬水平与员工的知识及工作绩效的基础上来确定员工在薪酬宽带中的位置。（3分）

（4）跨级别的薪资调整及宽带内部的薪资调整。对于员工的薪酬调整，必须是建立在对员工的技能、能力及绩效的公平与客观的基础之上。宽带薪酬作为灵活的薪酬结构模式，其强调的是员工个人能力的提高和业绩的提升。因此，当处理员工在不同等级的宽带之间的变动时，必须合理地制定员工薪酬跨级别的变动标准，以保证合理性和公平性。对于在同一级别宽带的薪酬调整，处理方法则与同一薪酬区间内的薪酬变动原理是一样的。（3分）

全真模拟演练（二）

（考试时间 150 分钟）

总分		题号	一	二	三	四	五
核分人		题分	10	25	25	20	20
复查人		得分					

一、单项选择题（本大题共 10 小题，每小题 1 分，共 10 分。在每小题列出的四个备选项中有一个是符合题目要求的，请将其代码填写在题后的括号内。错选、多选或未选均无分）

1. 最低工资构成不包括（　　）。
   A. 劳动者参加社会生产必需的最低水平的教育培训费用
   B. 劳动者个人劳动再生产所需的消费品费用
   C. 奖金和基本津贴
   D. 劳动者平均赡养人口的基本生活消费品费用

2. 由若干个工资部分组合而成的工资形式称（　　）。
   A. 绩效工资制　　　　　　　　B. 岗位工资制
   C. 技能工资制　　　　　　　　D. 结构工资制

3. 工作分析人员到工作现场运用感觉器官或者其他工具实地考察员工的工作情况，通过文字或者图表的方式予以记录、分析和归纳，并整理成适用的文字资料，这是工作分析中的哪种方法（　　）。
   A. 资料分析法　　　　　　　　B. 观察法
   C. 面谈法　　　　　　　　　　D. 关键事件记录法

4. 关于绩效工资说法错误的是（　　）。
   A. 绩效工资过于强调个人的绩效　　B. 计件工资制属于绩效工资形式
   C. 佣金制不属于绩效工资形式　　　D. 绩效工资制的基础缺乏公平性

5. 成本领先战略实际上就是（　　）。
   A. 内部公平战略　　　　　　　B. 低成本战略
   C. 竞争力战略　　　　　　　　D. 激励战略

6. 下列属于过程型激励理论的是（　　）。
   A. 需要层次理论　　　　　　　B. 期望理论
   C. 双因素理论　　　　　　　　D. 成就激励论

7. 职位/岗位薪酬管理体系最大的特点是（　　　）。

    A. 每一个职位内划分了若干等级，并分别确定相应的工资标准

    B. 它是一种相对稳定的薪酬管理体系

    C. 员工担任什么样的职位就得到什么样的报酬

    D. 基本薪酬水平紧密地与竞争性劳动力市场保持一致

8. 工作分析的结果是（　　　）。

    A. 组织设计报告   B. 职位说明书

    C. 岗位评价说明   D. 薪酬调查报告

9. 能力薪酬体系的优点不包括（　　　）。

    A. 更有利于鼓励和引导员工提升自己的知识、技能和能力

    B. 打破了传统的职位等级的"官本位"

    C. 为降低组织的成本和提升为顾客创造价值的能力提供帮助

    D. 适用于大多数传统企业

10. 能力薪酬体系的缺点不包括（　　　）。

    A. 在鼓励员工通过提高能力获得薪酬增加的同时，带来组织成本的大幅度增加，而组织整体并没有获得相应的经济价值

    B. 能力评价本身具有软性的特点，主观性较强，要保持这种工资模式的内部一致性难度较大，员工对这类工资的负面评价往往也较多

    C. 通常仅适合于以知识为主要竞争力的企业，对于大多数传统企业并不太适用

    D. 不利于提高员工的工作积极性，甚至会出现消极怠工或者离职的现象

二、名词解释（本大题共 5 小题，每小题 5 分，共 25 分）

11. 间接薪酬

12. 替代效应

13. 关键事件记录法

14. 基于资质的薪酬模式

15. 股票期权

三、简答题（本大题共 5 小题，每小题 5 分，共 25 分）

16. 简述未来薪酬管理的发展趋势。

17. 简述企业薪酬内部公平的意义。

18. 奖金是激励员工积极努力工作的一种非常有效的方式，简述奖金的特点。

19. 简述影响薪酬战略的因素。

20. 简述现代薪酬理论。

四、案例分析（本题 20 分）

21. 近些年来，一家企业在中国商界迅速走红，这家企业并非高科技企业，也并非国际大公司，而是中国本土的一家餐饮企业"海底捞"火锅店。"服务员高效、快速、准确、得体、大方、贴切的服务，真的使人有家的感觉。"这是网友对海底捞服务员所做的网上评价。那么，这到底是一家怎样的公司呢？

海底捞全称是四川海底捞餐饮有限公司，始于 1994 年，是一家以经营川味火锅为主，融汇各地火锅于一体的大型跨省直营餐饮民营企业。公司自成立起，始终奉行"服务至上，顾客至上"的理念，以贴心、周到、优质的服务，赢来了纷至沓来的顾客和社会的广泛赞誉。公司的年营业额超亿元，纯利润超千万元，先后荣获"先进企业""消费者满意单位""名优火锅"等十几项光荣称号和荣誉。

几乎每一个第一次来到海底捞就餐的客人都会对在这家火锅店的消费体验称奇。可以说，这家火锅店中的每一个环节（停车、等位、点菜、中途上洗手间、结账走人）都洋溢着服务的热情。

在惊叹于这样一个细致入微的贴心服务之余，很多客人会惊讶于海底捞员工服务热情的程度。很多人都感到奇怪：海底捞究竟有什么魔力能够让自己的员工一个个精神饱满、热情洋溢？

为了实施客户服务战略，海底捞力图为公司建设一支高效率、高满意度且具有强烈的服务精神的员工队伍。公司认为，要想让客人满意，就必须使自己的员工能够满意他们自己的生活状态，并且拥有为顾客服务的激情和热情。

关于海底捞被人们广为称道的细节服务，如发圈、眼镜布等，最初只是一个自发的想法。袁华强说："员工提出新建议，大家讨论后觉得可行就会去实施。"防止顾客手机被溅湿的塑封袋就是一名叫包丹的员工提出的创意，这个袋子在海底捞就用该员工的名字命名，即包丹袋。"这种命名方式既能实现他的价值，也是对他的尊重，很多员工都有很不错的创意，要给他们提供机会。"当包丹袋在其他店也开始使用时，这些店会给这位员工交纳一定的费用。在袁华强看来，管理者一个人的智慧是不够的，在海底捞很多富有创意的服务都是员工提出来的，因为他们离顾客最近。

在海底捞的内刊上，有两行让人印象深刻的字"倡双手改变命运之理，树公司公平公正之风"。事实上，海底捞非常重视创造公平公正的工作环境和"双手改变命运"的价值观。公司总经理袁华强认为，要想让员工在工作中充满热情和自信地去面对顾客，首先要给他们提供良好的工作和生活环境。海底捞服务员的月工资平均 1300 元，在同行中属于中等偏上，但其他福利加下来，员工的平均工资就达到了 2000 元。海底捞的员工都住在公司附近的正规公寓里，房间有 24 小时热水供应和空调设施。考虑到年轻员工喜欢上网，公司甚至为每套员工住房都安装了可以上网的电脑，从而减少员工因外出上网而可能遇到的各种风险。海底捞还在西川简阳建了一所私立寄宿制学校，海底捞员工的孩子可以免费在那里上学，只需要交书本费。2007 年春节，海底捞北京地区的 2000 多名员工还坐上公司统一租用的豪华大巴，一同去郊区享受温泉浴。另外，在海底捞工作满一年的员工，若一年累计三次或连续三次被评为先进个人，该员工的父母就可来公司探亲一次，往返车票公司全部报销，其子女还有三天的陪同假期，父母享受在店就餐一次。这一系列的福利计划体系的理念就是：海底捞永远把员工的利益和生活摆在第一位，企业会尽最大努力照顾好企业最重要的资产。

海底捞的管理层都是从基层提拔上来的，他们都有切身的体会，都了解下属的心理需求，这样，他们才能发自内心地关爱下属，给予员工工作上与生活上的支持和帮助，同时也得到员工的认可。袁华强每个月都要去员工宿舍生活三天，以体验员工的衣食住行是否舒适，以便及时改善。员工对他从来不叫"袁总"，而是亲切地唤作"袁哥"。在海底捞，店长也可以跟普通员工一起，去给客人端锅打扫。海底捞的基础服务员就可以享有打折、换菜甚至免单的权力，只要事后口头说明原因即可。"因为相对于高层管理人员，每天与顾客直接打交道的只能是普通员工，顾客愿意来海底捞，并不是因为创始人，也不是因为我，而是因为和他们面对面接触的那些员工。"袁华强这样说道。

海底捞的不少员工之间都有亲属关系，这在许多企业都是很忌讳的，甚至是明令禁止。但是海底捞董事长张勇却认为，"正因为员工在海底捞获得了尊重和认可，同时他也认可了这里的工作环境与和谐的氛围，他才会介绍亲戚朋友们来"。海底捞现有的管理人员全部是从服务员、传菜员等最基层的岗位做起，公司会为每一位员工提供公平公正的发展空间，如果你诚实与勤奋，并且相信自己"用自己的双手可以改变命运"这个理念，那么海底捞就是你的未来！每位员工入职前都会得到这样的告知。在海底捞，只有两个岗位有学历方面的特殊要求——技术总监兼办公室主任和财务总监兼物流董事长。这两个岗位是从外部招聘，对学历和专业管理水平都有较高的要求，其他的相应干部职位，即使对学历没有那么高的要求，但都具有勤奋、诚实和善良等素质要求。对于新招聘来的员工，海底捞有一套独特的培训方法。在海底捞，最常用的培训方法就是言传身教。一种是理论培训，即一位老师讲，很多学生听；另一种是在实践中学习，即一位师傅带一个徒弟。海底捞还成立了培训学校，公司的高管请来教授，把自己多年的经营管理经验编成了统一的教材，在培训学校中用统一的培训内容来对优秀员工进行培训。

海底捞还建立了以顾客和员工为核心的绩效考核制度。海底捞考核一个店长或区域经理的总体标准只有两个——顾客满意度和员工满意度。它对干部的考核非常严格，考核分成多个项目，除了业务方面的内容外，还有创新、员工激情、顾客满意度、后备干部的培养，每项内容都必须达到规定的标准。这几项不易评价的考核内容，海底捞都有自己的衡量标准。海底捞的分店分布在各地，分配结果又都是各店自己报上来的，那么，如何保证每位管理者都能真正做到公平公正呢？张勇认为，"有不公平的可能，但是千万不要太明显，他的一切作为必须让绝大多数员工接受，如果大家不能接受的话，他的领导力与影响力会下滑，业绩也会下滑"。此外，海底捞有一个公开的信息源监督制度，每一个分店都会选举两个普通员工作为信息源，对本店管理方面出现的一些问题以书面形式向总部反映，每个月都必须提交，张勇看过后，再转到监察部备案、核实。如果确定反映的情况属实，就会转给该部门的领导进行处理。

可以说，正是海底捞的经营理念及其独特的人力资源管理实践，带来了海底捞的红红火火。

资料来源：刘琼.海底捞：创新服务捞出"回头客"的利润.经理日报，2010-09-29，(7)；邓婕.海底捞捞出真经，梦想不是水中月.人力资源管理，2008，(1)：79-81

案例思考:

(1) 海底捞的人力资源管理实践中体现了哪些全面薪酬的思想?

(2) 据报道,人工成本在海底捞这种餐饮企业中占 20%～30%,而海底捞的人工成本又是同类企业的两倍,海底捞怎样才能在这种情况下保持自己的竞争力?

五、论述题 (本大题共 2 小题,每小题 10 分,共 20 分)

22. 论述岗位技能薪酬的设计流程及步骤。

23. 论述战略性薪酬的模式。

全真模拟演练（二）参考答案及解析

一、单项选择题（本大题共 10 小题，每小题 1 分，共 10 分）

1. C   2. D   3. B   4. C   5. B

6. B   7. C   8. B   9. D   10. D

二、名词解释（本大题共 5 小题，每小题 5 分，共 25 分）

11. 间接薪酬是劳动的间接报酬，也就是员工福利与服务性的薪酬。国内外的薪酬管理专家对福利的定义多种多样，但对其特征和内容类型的认识基本一致。（2 分）它通常并不与劳动者的劳动能力和提供的劳动量等个性特征相关，而是一种源自员工的组织成员身份的福利性薪酬。（3 分）

12. 替代效应：一种商品的名义价格发生变化后，将同时对商品的需求量发生两种影响（2 分）。其中一种是因该种商品名义价格变化而导致的消费者所购买的商品组合中，该商品与其他商品之间的替代。（3 分）

13. 关键事件记录法，也称为关键事件技术，是指工作分析人员、负责工作的员工及其他有关的人员，通过识别、记录和收集工作过程中出现的具有决定性作用的重大事件，对岗位的特征和要求进行分析研究的方法。（3 分）关键事件是指那些对工作结果具有决定性意义的、能影响工作成败的事情。（2 分）

14. 基于资质的薪酬模式是另一种重要的薪酬模式，这种模式将人的资质作为确定工资等级结构的主要依据，不同资质决定了报酬的高低。（2 分）根据资质支付薪酬，首先需要区分资质的等级和差异，建立一套对资质进行分层分类的体系，如任职资格，以员工在工作中所需要的知识、能力及态度为标准。这种薪酬模式适合于知识型或者技能型员工，在一定程度上避免了所有员工走"管理独木桥"的现象。（3 分）

15. 股票期权是以股票为标的物的一种合约，期权合约的卖方（也称立权人），通过收取权利金将执行或不执行该项期权合约的选择权让渡给期权合约的买方（也称持权人）。（3 分）持权人将根据约定价格和股票市场价格的差异情况决定执行或放弃该期权合约。（2 分）

三、简答题（本大题共 5 小题，每小题 5 分，共 25 分）

16. 专门知识的价值被确认并融入企业的日常管理以应对上述压力，给企业的薪酬管理带来或将带来根本性的变革。主要体现在：①企业人力成本将逐渐上升。（1 分）②薪酬制定的依据将更多地反映市场而不是工作本身的价值。（1 分）③薪酬设计更富弹性并走向多轨化。（1 分）④薪酬分配形式由货币主导型向资本主导型过度。（1 分）⑤薪酬支付方式将呈现多样化。此外，随着世界经济发展和环境变化，薪酬管理在理念、制度、结构、方法、程序、内容、结果等方面都发生了很多转变，总体而言，薪酬管理的人本性、规范性正逐渐加强，管理上多元化、透明化、全面化的趋势日益明显。（1 分）

17. （1）有利于打造富于竞争力的人才队伍。首先，内部公平性可以帮助企业留住人才。随着市场人才流动机制的日益完善，人才流动更为频繁，如果企业员工感觉到公平，则更为容易获得满足感和成就感，从而容易对企业产生归属感。其次，内部公平性可以帮助企业用好人才，公平感会在企业内部形成一种企业文化。（2分）

（2）有利于提高企业经营绩效和竞争力。内部公平性有利于调动员工积极性，从而达到工作效率提升的目标，通过公平薪酬的激励，可以在企业内部形成一种导向，即获得更好的薪酬需要达到何种职位、需要具备何种能力，这就会激励员工更加努力工作，从而间接地达到了提升工作效率的目标。（2分）

（3）有利于营造和谐的企业发展氛围。首先，有利于营造良好的劳资关系。其次，有利于改善员工内部之间的关系。（1分）

18. 奖金的特点：

（1）奖金具有很强的针对性和灵活性。（1分）

（2）及时地弥补计时、计件工资的不足。（1分）

（3）奖金具有激励作用。（1分）

（4）收入具有明显的差别性。（1分）

（5）奖金分配所形成的收入具有不稳定性。（1分）

19. （1）民族因素。（1分）

（2）组织结构。（1分）

（3）组织文化。（1分）

（4）组织生命周期。（1分）

（5）外部环境因素（1分）。

20. （1）人力资本理论。（2分）

（2）效率工资理论。（1分）

（3）分享经济理论。（1分）

（4）知识资本理论。（1分）

四、案例分析（本题 20 分）

21. （1）公司认为，要想让客户满意，就必须使自己的员工满意，所以对于薪酬方面实行的是全面薪酬。（3分）首先表现出的是对员工的赏识和认可，从包丹袋中可以看出。（3分）其次是为员工提供的福利好，房间有 24 小时热水供应和空调设施，还为每套员工住房安装了可以上网的电脑，乘坐豪华大巴去郊区享受温泉浴等。（3分）再次表现在善于协调员工工作和生活的平衡，建立私立寄宿学校，海底捞员工的孩子可以免费上学，只要交书本费；（2分）累计三次被评为先进个人，父母可以探亲一次，车费报销，子女有三天陪同假，父母享受在店就餐一次等优待。（2分）最后表现在为员工开发职业发展机会，因为海底捞的管理层都是从最基层提拔上来的，有公平的发展空间，还有学习的机会。（2分）

（2）虽然海底捞的人工成本高，但是它也以员工的创新点、行业中没有的小创意吸引顾客的眼球，以及热情、殷切的服务让顾客满意取胜，以此来保持自己的竞争力（3分）。（答案可以发挥）（2分）

五、论述题（本大题共 2 小题，每小题 10 分，共 20 分）

22. 一般来说，岗位薪酬体系的设计包括以下 9 个步骤：

（1）环境分析。环境分析就是要通过调查分析，了解企业所处的内部环境的现状和发展趋势。（1分）

（2）确定薪酬策略。薪酬策略是有关薪酬分配的原则、标准、薪酬总体水平的政策和策略。在对组织环境进行分析的基础上，通过薪酬体系设计的必要性和可行性、激励重点和设计目标的分析论证，得出怎样的薪酬策略才符合企业的实际情况和企业战略的要求。（1分）

（3）工作分析。工作分析是全面了解某一定工作的任务、责任、权限、任职资格、工作流程等相关信息，并对其进行详细说明与规范的过程。（1分）

（4）岗位评价。岗位评价就是通过工作分析，在获取相关岗位信息的基础上，对不同岗位工作的难易程度、职权大小、任职资格的高低、工作环境的优劣、创造价值的多少等进行比较，确定其相对价值的过程。（1分）

（5）等级划分。等级划分的数目受组织的规模和工作性质的影响，没有绝对的标准。（1分）

（6）制度保障。薪酬制度不是独立的，它只有与其他制度配套实施，才能发挥应有的作用。（1分）

（7）市场薪酬调查。市场薪酬调查主要就是通过搜集、分析市场薪酬信息和员工关于薪酬分配的意见、建议，来确定或者调整企业的整体薪酬水平、薪酬结构、各具体职位的薪酬水平的过程。（1分）

（8）确定薪酬结果与水平。薪酬水平是指组织整体平均薪酬水平，包括各部门、各职位薪酬在市场薪酬中的位置。（1分）

（9）实施与反馈。薪酬体系设计完成之后，必须通过实施才能实现薪酬的战略及目标。在正式实施之前企业要对将要实施的薪酬结构、水平、形式进行必要的宣传，并且注重和员工特别是中层人员进行有效沟通，以广泛征求意见，为薪酬体系的实施做好充分的准备。（2分）

23.（1）基于岗位的薪酬模式。此种薪酬模式，主要依据岗位在企业内的相对价值为员工付酬。对职位本身的价值做出客观评价，再根据这种评价的结果来赋予承担这一职位工作的人与该职位的价值相当的薪酬决定制度。（1分）

（2）基于绩效的薪酬模式。如果在确定薪酬时，主要是依据绩效结果，那么这就是基于绩效的薪酬模式。近年来，随着商业环境的竞争加剧，按绩效付酬的趋势越来越显著。举一个最显著的例子，高层经理人的收入的大部分来源不再是基于岗位在企业中的相对价值，而是企业整体绩效的提升。这部分绩效收入可以以风险奖金的形式，也可以是股权激励的形式，如分红、股票期权收入等。（1分）

（3）基于技能的薪酬模式。技能薪酬模式也称能力薪酬模式，是指根据一个人所掌握的与工作有关的技能、能力及知识的广度和深度支付基本薪酬的一种薪酬制度。这种薪酬制度的特征是：组织更多的是依据员工所拥有的工作相关技能和能力，而不是其承担的具体工作或职位的价值来对他们支付薪酬，并且员工的薪酬上涨也取决于员工个人所掌握的技能和能力水平的上升或改善。（2分）

（4）基于市场的薪酬模式。市场工资制是由根据地区及行业人才市场的薪酬调查结果，来确定岗位的具体薪酬水平。至于采取高于、等于或是低于市场水平，要考虑企业的赢利状况及人力资源策略，总之是主要参照市场来定工资。这种薪酬制度不仅鼓励员工在企业内部进行薪酬公平性的比较，而且也会使员工提升自己的技能和能力，以达到市场认可的综合能力水平。（2分）

（5）宽带薪酬模式。宽带薪酬又称海氏薪酬制，是由美国薪酬设计专家艾德华·海于1951年研究开发出来的。宽带薪酬就是将企业原来较多的薪酬等级压缩成几个级别，同时将同一级别内的薪酬活动范围扩大，从而形成了一种新的薪酬管理系统及操作流程。虽然组织的薪酬等级减少了，但每个薪酬等级内的最高值与最低值的区间变动范围却扩大了，这将更有利于对员工的激励，充分体现组织对员工的尊重。（2分）

（6）基于年功的薪酬模式。在这种工资制度下，员工的工资和职位主要是随年龄和工龄的增长而提高。中国国有企业过去的工资制度在很大程度上带有年功工资的色彩，虽然强调技能的作用，但在评定技能等级时，实际上也是论资排辈。年功工资的假设是：服务年限长导致工作经验多，工作经验多，业绩自然会高；老员工对企业有贡献，应予以补偿。其目的在于鼓励员工对企业忠诚，强化员工对企业的归属感，导向员工终生服务于企业。在人才流动低、终身雇佣制环境下，如果员工确实忠诚于企业并不断进行创新，企业也可以实施年功工资制。其关键在于外部人才竞争环境比较稳定，否则很难成功地实施年功工资。（2分）

全真模拟演练（三）

（考试时间 150 分钟）

总分		题号	一	二	三	四	五
核分人		题分	10	25	25	20	20
复查人		得分					

一、单项选择题（本大题共 10 小题，每小题 1 分，共 10 分。在每小题列出的四个备选项中有一个是符合题目要求的，请将其代码填写在题后的括号内。错选、多选或未选均无分）

1. 下面不属于薪酬构成的是（　　）。
   A. 基本薪酬　　　　　　　　B. 可变薪酬
   C. 直接薪酬　　　　　　　　D. 间接薪酬

2. 要求薪酬设定应该对岗不对人，实行同岗同酬，这是薪酬管理的（　　）。
   A. 内部公平原则　　　　　　B. 外部公平原则
   C. 员工公平原则　　　　　　D. 岗位公平原则

3. 以下属于量化的工作分析方法的是（　　）。
   A. 资料分析法　　　　　　　B. 观察法
   C. 工作日写实记录法　　　　D. 职位问卷分析法

4. 经营者年薪制的构成一般不包括（　　）。
   A. 可变工资　　　　　　　　B. 浮动工资
   C. 提成工资　　　　　　　　D. 固定工资

5. 公司战略通常不包括（　　）。
   A. 激励战略　　　　　　　　B. 成长战略
   C. 稳定战略　　　　　　　　D. 收缩战略

6. （　　）是指充分了解知识员工的创新精神和创造潜力，使知识员工在完成组织目标的过程中实现自己的价值。
   A. 激励　　　B. 控制　　　C. 管理　　　　D. 薪酬

7. 工作分析提供的主要信息可以概括为 6W2H，其中 how 是指（　　）。
   A. 该项工作的活动的内容　　B. 该项工作的工作关系
   C. 该项工作达到目的的途径　D. 该项工作的地点

8. 问卷调查法中的开放问卷又称为（　　）。

    A. 结构式问卷   B. 非结构式问卷

    C. 访问问卷   D. 自填问卷

9. 广义的能力工资的主要构成计划不包括（　　）。

    A. 职位工资   B. 技能工资

    C. 胜任力工资   D. 知识工资

10. 技能工资一般来说主要用于从事（　　）的员工。

    A. 体力劳动   B. 脑力劳动

    C. 专业技术劳动   D. 计算机行业

二、名词解释（本大题共 5 小题，每小题 5 分，共 25 分）

11. 薪酬的本质

12. 跟随型薪酬策略

13. 工作日写实记录法

14. 岗位绩效工资制

15. 可变薪酬

三、简答题（本大题共 5 小题，每小题 5 分，共 25 分）

16. 简述薪酬管理的原则。

17. 简述建立薪酬水平决策的原则。

18. 简述薪酬预算的影响因素。

19. 简述全面薪酬战略的主要特征。

20. 简述职位/岗位薪酬管理体系的操作流程。

四、案例分析 (本题 20 分)

21. A 公司是一家生产和销售电信产品的公司,在创业初期,依靠一批志同道合的朋友,大家不怕苦不怕累,从早到晚拼命干,公司发展迅速,几年之后,员工由原来的 15 人发展到 600 余人。业务收入由原来的每月 10 多万元发展到每月 1000 多万元,企业大了,人也多了,但公司领导明显感觉到,大家的工作积极性越来越低,也越来越计较报酬。

A 公司的总经理黄先生一贯注重思考和学习,为此特地到书店买了一些有关成功企业经营管理方面的书籍来研究,他在《松下幸之助用人之道》一书中看到这样一段话:"经营的原则自然是希望能做到'高效率、高薪资'。效率提高了,公司才可能支付高薪资,但松下幸之助提倡'高效率、高薪资'时,却不把高效率摆在第一个努力的目标,而是借助提高薪资,来激发员工的工作意愿,以此达到高效率的目的。"黄先生想,公司发展了,确实应该考虑提高员工的待遇,这一方面是对老员工为公司辛勤工作的回报,另一方面也是吸引高素质人才加盟公司的需要。为此,A 公司聘请一家知名的咨询公司为企业重新设计了一套符合公司老总要求的薪酬制度,大幅度提高了公司各类员工的薪酬水平,并对工作场所进行了全面整修,改善了各级员工劳动环境和工作条件。

新的薪酬制度推行以后,其效果立竿见影,A 公司很快就吸引了一大批有才华、有能力的人,所有的员工都很满意,工作十分努力,工作热情高涨,公司的精神面貌焕然一新。

但这种好势头没有持续多久，员工旧病复发，又逐渐地恢复到以前懒洋洋、慢吞吞的状态。

公司的高薪没有换来员工持续的高效率，公司领导陷入两难的困境，既苦痛又彷徨，问题的症结到底在哪儿呢？

案例思考：

（1）该公司应采取哪些措施对员工的薪酬制度进行再设计、再改进？

（2）为了持续保持公司员工旺盛的斗志，应当采取哪些配套的激励措施？

五、论述题（本大题共 2 小题，每小题 10 分，共 20 分）

22. 论述岗位技能薪酬的构成。

23. 论述战略性薪酬设计的注意事项。

全真模拟演练（三）参考答案及解析

一、单项选择题（本大题共 10 小题，每小题 1 分，共 10 分）

1. C	2. D	3. D	4. C	5. A
6. A	7. C	8. B	9. A	10. C

二、名词解释（本大题共 5 小题，每小题 5 分，共 25 分）

11. 薪酬的本质是指企业针对它的员工为企业所作的贡献，（2 分）包括他们实现的绩效、付出的努力与占用的时间，以及他们的学识、技能、经验与创造，所付出的相应的回报或答谢。（3 分）

12. 跟随型薪酬策略是力图使本组织的薪酬成本接近竞争对手的薪酬成本，使本组织吸纳员工的能力接近竞争对手吸纳员工的能力，跟随型薪酬策略是企业最常用的策略，也是目前大多数组织所采用的策略。（3 分）采取这种薪酬战略的组织的风险可能是最小的，但是它在吸引优秀人才方面没有什么优势。（2 分）

13. 工作日写实记录法主要是采用工作日志的形式，通过要求任职者对每天工作内容和过程进行记录，以达到搜集工作分析所需信息的目的。（3 分）工作日志的内容一般包括工作内容、工作环境、工作条件、基本职责、人际关系及工作负荷等。（2 分）

14. 岗位绩效工资制是以职工被聘上岗的工作岗位为主，根据岗位技术含量、责任大小、劳动强度和环境优劣确定岗级，（2 分）以企业经济效益和劳动力价位确定工资总量，以职工的劳动成果为依据支付劳动报酬，是劳动制度、人事制度与工资制度密切结合的工资制度。（3 分）

15. 可变薪酬是指员工因部分或完全达到某一事先制定的工作目标来给予奖励的薪酬制度，（3 分）全面薪酬战略非常强调可变薪酬的运用。（2 分）

三、简答题（本大题共 5 小题，每小题 5 分，共 25 分）

16. 薪酬管理的核心问题是如何科学、合理地根据"劳动"来确定员工的薪酬差别，即制定公平、公正、公开的薪酬制度。因此，在薪酬管理的过程中，需要明确薪酬管理的一些基本原则，在此基础上以薪酬制度为依据，实行有效的薪酬管理，以实现薪酬设计的目的。（2 分）

这些原则有：

（1）公平性原则，包括程序公平、机会公平、互动公平。

（2）竞争性原则，指的是如果一个组织的薪酬水平很高，那么它在吸引人才方面将比其他组织更具有竞争性。

（3）激励性原则，它包括有两层含义：一是要求企业尽可能满足员工的实际需要。二是薪酬水平要具有较高激励性。

（4）补偿性原则，指补偿人力资源再生产的费用。

（5）透明性原则，薪酬方案应当公开，而且必须是清晰易用的，它必须能够让员工清楚地了解自己从中得到的全部利益，了解其薪酬收入与其能力、表现、绩效及贡献之间的关系，从而充分发挥物质利益的激励作用。

（6）合法合理原则，薪酬管理活动必须要受到法律法规的制约。

（7）经济及时原则，薪酬是产品成本的重要组成部分，薪酬标准设计过高，虽然具有竞争性和激励性，但会不可避免地带来人工成本的上升，从而会影响组织经济效益的提高。（3分）

17.（1）对外具有竞争性。对外具有竞争性，在实际操作中表现为：一是设定一个高于、低于或与竞争对手相同的薪酬水平；二是确定与竞争对手相对应的薪酬形式的组合。其目的就是合理控制成本的同时吸引和保留优秀人才。（3分）

（2）对内具有公平性。对内具有公平性，是指单个组织内部不同工作、技能、能力之间的薪酬关系。内部一致性原则是斯密公平理论在薪酬设计中的运用，它强调在设计薪酬时要保持组织内部的平衡。（2分）

18．薪酬预算的影响因素：

（1）外部市场环境。（1分）

（2）企业内部因素。（1分）

（3）法律法规的限制。（1分）

（4）生活成本的变动。（2分）

19．全面薪酬战略的主要特征包括：

（1）战略性。（1分）

（2）激励性。（1分）

（3）灵活性。（1分）

（4）创新性。（1分）

（5）沟通性。（1分）

20．职位/岗位薪酬管理体系的操作流程有以下几个步骤：环境分析、确定薪酬策略、工作分析、职位评价、等级划分（2分）、制度保障、薪酬调查、确定薪酬结构和水平、实施与反馈。（3分）

四、案例分析（本题20分）

21．（1）该公司应根据企业发展的中长期方向和目标，坚持"对外具有竞争力，对内具有公平性"的基本原则。（2分）采取以下步骤，对公司的薪酬制度进行再设计、再改进：

1）对全部岗位进行工作分析，建立健全定编、定岗、定员和定额等各项基础工作。（1分）

2）对各类岗位进行系统的岗位评价和分类分级，以保证薪酬对内的公平公正性。（1分）

3）建立薪酬调查制度，定期地进行薪酬市场调查，掌握同类企业员工薪酬水平的变动情况，以提高公司员工薪酬水平，保持公司薪酬的市场竞争力。（2分）

4）根据公司生产经营的状况和财务实力，对各类员工的薪酬结构进行再设计，采

用适合岗位性质与工作特点的工资和奖励制度。（1分）

5）定期进行员工薪酬满意度调查，掌握员工的动态，运用多种激励方式和手段，最大限度地调动员工的积极性、主动性和创造性。（1分）

6）注重于员工薪酬制度相关制度的贯彻落实，提高其相互配套性和支撑性。（1分）

（2）为了保持员工的工作积极性，公司在选择激励措施方面必须加以改进。（1分）首先，公司领导要转变观念，树立"以人为本"的经营管理思想，针对A公司的现状，其重点应当是建立以薪酬制度为基础的员工激励机制，使企业进入"高薪资、高效率、高效益"良性循环。（1分）其次，强调外在激励的同时，更应当重视内在激励，从工作性质本身激励员工。（3分）除此之外，还应引入适度的竞争机制，并创造公平的工作环境，让员工能够充分地发挥自身的潜能并得到合理的报酬。（2分）再次，应加大对团队绩效奖励的力度，以倡导团队的合作精神，并设计适合员工需要的福利项目。（2分）最后，在依据充分、公平公正的前提下进一步强化奖惩制度，将公司长远发展计划与员工短期目标密切结合在一起，帮助业务骨干制订职业生涯规划。（2分）

五、论述题（本大题共2小题，每小题10分，共20分）

22. 岗位薪酬的构成项目选择主要是能体现岗位价值、员工能力与岗位的匹配程度及员工的岗位贡献，主要包括岗位工资、绩效工资、奖金、津贴或补贴、福利五大部分，区别在于不同岗位序列的薪酬构成项目的比重有所侧重。（3分）

（1）岗位工资是以岗位为基础、以岗位评价为依据，根据岗位的相对价值、参照劳动力市场工资指导价位、结合企业的工资总额和公平观，而合理确定的能够反映岗位相对价值的岗位工资标准。（1分）

（2）绩效工资，可以被称为浮动工资，是企业反映不同员工或不同群体之间的绩效水平差异的一种可变动工资。它与任何一种奖金计划之间的差异在于，奖金计划不会变成月标准工资的一部分而造成月标准工资的持续增加。（1分）

（3）奖金是企业在达成或超出企业目标时及因为一些特殊事项（如技术创新、工艺革新等）而向员工支付的激励性报酬，是属于额外或不定期的。（1分）

（4）津贴是指为补偿员工特殊和额外的劳动消耗和因其他特殊原因支付给员工劳动报酬的一种工资形式，包括补偿员工特殊或额外劳动消耗的津贴、保健津贴、技术津贴、年功津贴及其他津贴。（1分）

（5）福利是社会和企业保障的一部分，指企业支付给员工的除工资、奖金之外的附加报酬，主要包括国家法定福利和企业自定福利两部分。国家法定福利是指国家规定的企业应当向员工提供的福利，包括养老金、医疗保险、失业保险等。（3分）

23.（1）及时考核和随时反馈个人绩效、团队绩效和公司目标进展情况。通过及时考核和随时反馈，可使员工得知自己绩效水平，对绩效好坏做出判断，以调整自己的行为，这有利于提高员工自己的绩效水平和公司的效率。否则，员工们将不知道自己哪方面出了问题，自己哪方面应该努力，也将无从提高自己的绩效。（2分）

（2）考核指标必须为薪酬提供依据，考核结果要有意义。如果绩效只是被考核了，但考核结果没什么意义，没什么价值，那么由此得到的数据也就失去了作用，对员工的行为也就没什么影响。如果经常得到负反馈，则员工可能会对数据进行抵制或提出反驳。相反，如果员工得到的是正反馈，那么便会去理解并能激发热情。因此，考核指标及其产生的数据应该能够强化绩效，创造一种正向反馈。（2分）

（3）保持薪酬制度与企业战略类型相适应。战略薪酬必须与企业的经营战略类型具有高度的相容性，一般而言，企业经营战略表现为低成本战略、差异化战略和专一化战略，不同的战略类型需要不同的薪酬制度与之相匹配。（2分）

（4）保持薪酬制度与企业战略态势相适应。根据行业成长特性和企业内部特点，企业的战略态势可能呈现出稳定发展、快速发展和收缩等三种不同的发展趋势。薪酬制度的设计和调整应与企业战略态势相适应。（2分）

（5）企业不同发展阶段薪酬设计的策略选择合理。除了行业特点和企业的经营战略影响企业的薪酬组合以外，企业所处的生命周期和成长战略也是决定企业薪酬的主要因素。多数企业的成长都要经历投入期、成长期、成熟期和衰退期。在不同的成长阶段企业一般会选择不同的薪酬策略与之相适应。（2分）

全真模拟演练（四）

（考试时间 150 分钟）

总分		题号	一	二	三	四	五
核分人		题分	10	25	25	20	20
复查人		得分					

一、单项选择题（本大题共 10 小题，每小题 1 分，共 10 分。在每小题列出的四个备选项中有一个是符合题目要求的，请将其代码填写在题后的括号内。错选、多选或未选均无分）

1. 薪酬结构（　　）。
   A. 是公开、诚实和直截了当的
   B. 与职位或能力等薪酬要素相匹配的薪酬等级结构
   C. 对象主要是企业核心员工
   D. 必须时刻保持自身的动态性

2. 下列选项中属于不变薪酬的是（　　）。
   A. 基本薪金　　　　　　　B. 绩效薪金
   C. 红利　　　　　　　　　D. 股票期权

3. 对有关工作性质及特征进行书面说明的主要是（　　）
   A. 工作描述　　　　　　　B. 工作规范
   C. 工作日志　　　　　　　D. 工作计划

4. 薪酬预算的编制方法不包括（　　）。
   A. 盈亏平衡点基准法　　　B. 微观接近法
   C. 工资指数法　　　　　　D. 销售额基准法

5. 最低工资理论这一理论最初是由古典经济学家（　　）提出的。
   A. 威廉·配第　　　　　　B. 魁奈
   C. 杜尔格　　　　　　　　D. 亚当·斯密

6. 岗位薪酬的缺点不包括（　　）。
   A. 薪资与职位直接挂钩，当员工晋升无望时，其工作积极性必然会受挫，甚至会出现消极怠工或者离职的现象
   B. 不利于企业对多变的外部经营环境做出迅速反应
   C. 不利于激发员工的工作积极性

D. 不能够鼓励和引导员工提升自己的知识、技能和能力

7. 薪酬管理首先要考虑的最根本的原则是（　　）。

    A. 合法性原则   B. 公平性原则

    C. 竞争性原则   D. 互动性原则

8. 满足个人薪酬公平感的最好方式是（　　）。

    A. 绩效工资   B. 绩效薪酬   C. 可变薪酬   D. 一次性薪酬

9. 泰勒理论的雏形是由科学管理之父（　　）提出的"差别计件工资制"。

    A. 弗雷德里克·泰勒   B. 马斯洛

    C. 赫兹伯格   D. 波特

10. 以下不属于团队的基本特征的是（　　）。

    A. 共同愿景和共同目标   B. 团队成员之间具有相互依存性

    C. 团队成员之间的沟通协作   D. 团队价值的分散效应

二、名词解释（本大题共 5 小题，每小题 5 分，共 25 分）

11. 薪酬管理

12. 薪酬水平

13. 面谈法

14. 基于职位的薪酬模式

15. 内在薪酬

三、简答题（本大题共 5 小题，每小题 5 分，共 25 分）

16. 简述薪酬管理的意义。

17. 简述影响薪酬的内部因素。

18. 简述工作分析的意义。

19. 简述组织战略的特点。

20. 简述薪酬激励的类型。

四、案例分析（本题 20 分）

21. 位于上海市的光明公司是一家 IT 企业，公司的主要产品是管理软件。小王与小谢是光明公司的技术骨干，两人以前是大学同学，后来又一起进入光明公司工作，技术水准一样。

小王和小谢分别负责不同的产品研发，小王负责 A 产品，小谢负责 B 产品。经过一年的艰苦努力，A、B 两个产品同时完成，推向市场，但市场的表现却完全不同，A 产品很快被市场所接受，为公司带来很大的经济效益；而 B 产品却表现平平。

由于 A 产品带来了经济效益，年底公司决定为小王加工资；而小谢负责的产品表现不好，没有增加工资。公司的决定迅速在员工中流传，很快传到了小谢的耳朵里。于是，小谢找公司领导谈话，他认为自己受到不公正的评价，因为 B 产品表现不好，不是产品本身的原因，而是 B 产品被市场接受需要一定的时间。公司只给小王增加工资，小谢觉得自己的工作没有得到公司的认可，而公司领导认为市场可以评价一切，没有接受小谢的意见。

很快，小谢离开了光明公司加入了竞争对手 Y 公司，依然负责与 B 产品类似的产品。半年后，市场开始接受该产品，Y 公司在该产品上取得了良好的经济效益。

资料来源：人力资源管理论坛

案例思考：

看完上述案例，你有什么启发？

五、论述题（本大题共 2 小题，每小题 10 分，共 20 分）

22. 论述能力薪酬的优缺点。

23. 论述薪酬结构的三种类型。

全真模拟演练（四）参考答案及解析

一、单项选择题（本大题共 10 小题，每小题 1 分，共 10 分）

1. B	2. A	3. B	4. C	5. A
6. D	7. B	8. B	9. A	10. D

二、名词解释（本大题共 5 小题，每小题 5 分，共 25 分）

11. 薪酬管理是指一个组织针对所有的员工所提供的服务（2 分）来确定他们应当得到的报酬总额及报酬形式和报酬结构的过程。（3 分）

12. 薪酬水平是指企业内部各类职位和人员平均薪酬的高低状况，它反映了企业薪酬的外部竞争性。（3 分）薪酬水平反映了企业薪酬相对于当地市场薪酬行情和竞争对手薪酬绝对值的高低。（2 分）

13. 面谈法，也可称作访谈法。面谈法主要是由工作分析负债人与一位或者多位职员就该项岗位的工作进行面对面的交谈，交谈内容可以涉及工作目标、工作内容、工作性质、工作条件、任职资格等。（3 分）面谈法具有较强的互动性和指向性，通过对职员进行引导性的提问和交流，获取对工作分析有利的直接信息和间接信息。（2 分）

14. 基于职位的薪酬模式是最传统的薪酬支付模式，也是一种基本的薪酬制度体系，目前从世界范围来看，使用最多的是基于职位的薪酬体系。（2 分）这种薪酬模式主要依据职位在组织内的相对价值为员工支付薪酬。不同职位对知识、技能有不同的要求，承担职责的大小也不一样，所以不同职位对企业的价值贡献不同。（2 分）在每个职位任职的员工对企业的贡献和重要程度也不同，他们应当根据所从事工作领取报酬。（1 分）

15. 内在薪酬相对于外在薪酬而言，实际上就是员工从工作本身所获得的心理收入，（3 分）即对工作的责任感、成就感、胜任感、富有价值的贡献和影响力等。（2 分）

三、简答题（本大题共 5 小题，每小题 5 分，共 25 分）

16. 薪酬问题是劳动力市场和人力资源管理的核心，它涉及员工、雇主、市场、社会、政府等各方面，对社会经济甚至政治产生重要影响。（1 分）薪酬管理的重要性体现在以下几个方面：①薪酬管理是组织管理的重要组成部分，它包括微观的薪酬管理和宏观的薪酬管理两部分。从微观上看，薪酬管理是指组织根据员工付出的劳动确定其报酬总额、报酬结构及报酬形式的过程。从宏观上讲，薪酬管理是指从国民经济的全局出发，运用各种经济杠杆，从宏观上控制薪酬的运动和变化。（1 分）②薪酬管理是推动组织变革的有力工具，薪酬管理是组织管理的重要内容，同时也是组织管理的难点所在，因为薪酬管理体系必须同时具有合法性、有效性和公平性。（1 分）③薪酬管理有利于实现组织目标，它是组织管理的重要组成部分，是组织人力资源管理的核心内容。（1 分）④薪酬管理直接关系到社会稳定。（1 分）

17. 影响薪酬的企业内部因素包括以下几个方面：

（1）企业负担能力。员工的薪酬与企业负担能力的大小存在着非常直接的关系，如果企业负担能力强，则员工的薪酬水平高且稳定。（1分）

（2）企业经营状况。企业的经营状况直接决定了企业的支付能力。（1分）

（3）企业生命周期。企业在不同的发展时期，赢利水平、赢利能力和远景是不同的，这些差别会导致薪资水平的差异。（1分）

（4）薪酬政策。薪酬政策是企业分配机制的直接表现，薪酬政策影响着企业利润积累和薪酬分配的关系。（1分）

（5）企业文化。企业文化是企业在成长过程中形成的企业成员广泛接受的价值观念，以及由此决定的行为准则和行为方式。

（6）人才价值观。企业对人才的重视程度直接影响到其愿意付出的薪酬水平。（1分）

18.（1）工作分析为人力资源规划提供了必要的依据。（1分）

（2）工作分析为合理评价员工工作奠定了基础。（1分）

（3）工作分析对于薪酬结构决策具有重要的意义。（1分）

（4）工作分析有助于实行量化管理。（1分）

（5）工作分析是当前组织变革与组织创新的重要手段。（1分）

19. 全局性、长远性、纲领性（2分）、风险性、阶段性、竞争性。（3分）

20. 薪酬激励有三种类型：

（1）个体激励型。基于不同的群体可分为员工激励、技术人员激励和经营者激励等不同类别，主要是基于个人对企业的贡献而采取的不同激励形式。例如，发放红利、奖金或者赠予股票期权等。（2分）

（2）团队激励型。它是基于团队对企业的贡献发放奖金和其他奖励的形式，主要采取的方式是收益分享。（1分）

（3）员工对企业的特殊贡献。例如，员工对企业经营而提出的合理化建议，重大的技术和管理创新贡献等，为此而采取的一次性嘉奖。（2分）

四、案例分析（本题20分）

21. 参考答案要点：从事重要职位工作的员工或者是具备较高技能或能力的员工是否就能够比其他员工更为积极努力地工作，从而将这种静态的价值转化为对企业来说更为重要的动态的价值，则具有一定的不确定性。（3分）这一点主要是由于劳动力契约本身是一种不完善的契约，劳动者对于自己在生产过程中实际付出的努力或者涉及的劳动具有一定的控制力。（3分）因此，在静态的公平性问题解决之后，薪酬管理还必须解决动态的问题，薪酬设计及薪酬管理如何才能够激励员工个人及员工群体达到优良的绩效，从而保证企业整体良好经营绩效的实现，以确保企业的长期发展。（3分）因此，我们集中探讨如何将员工的实际贡献与其应得的报酬来联系起来，从而将员工、员工的绩效、组织的绩效及组织最重要的成功联系起来。（3分）（结合要点发挥）（8分）

五、论述题（本大题共2小题，每小题10分，共20分）

22. 能力薪酬体系的优缺点表现在以下方面。

优点包括：①更有利于鼓励和引导员工提升自己的知识、技能和能力，从而帮助企业提升人力资源的素质，培养员工的核心专长与技能；（2分）②打破了传统的职位等级的"官本位"，为员工提供了更多样化、更宽广的职业生涯通道，即员工不再需要通过职位晋升来获得薪酬的大幅增加，只需要提高自己的知识、技能或能力就能够获得薪酬增长，因此它是适应新的扁平化组织的重要薪酬模式之一；（2分）③在帮助员工提升核心专长和技能的基础上，能够有效支撑企业核心能力的培养，并为降低组织的成本和提升为顾客创造价值的能力提供帮助。（1分）

缺点包括：①能力并不等于现实业绩，因此，它往往在鼓励员工通过提高能力获得薪酬增加的同时，带来组织成本的大幅度增加，而组织整体并没有获得相应的经济价值，这是大多数以能力为基础的工资体系失败的主要原因；（1分）②能力评价本身具有软性的特点，主观性较强，因此要保持这种工资模式的内部一致性难度较大，员工对这类工资的负面评价往往也较多；（1分）③它通常仅适合于以知识为主要竞争力的企业，对于大多数传统企业并不太适用；（1分）④它适用的职位类别相对较少，更多地适用于研发类和技术类人员，对于管理类人员和一般操作人员，采用以岗位为基础的工资体系则更为合适。（2分）

23.（1）工作导向的薪酬结构。这种结构是指首先对员工所从事的工作本身的价值做出客观评估，然后根据所评估的结果赋予担任这一工作的员工与其工作价值相当的薪酬结构，它以工作评价为基础，完成工作所需的技能越多，则该员工的薪酬越高；工作条件越差，则薪酬越高；该工作对组织的贡献越大，则薪酬越高。它的优点是实现了职得其人和人尽其才，容易实现同工同酬；其缺点则有工作评价容易主观化，难以激励员工进行创新。发达国家有70％的企业都采用工作导向的薪酬结构。（3分）

（2）技能导向的薪酬结构。这种结构主要是根据员工所掌握的技能来确定的薪酬结构，技能导向的薪酬结构有两种表现形式：第一种是以知识为基础的薪酬结构。根据员工所掌握的完成工作所需要的知识深度来确定薪酬。（1分）在教师职业中应该最为普及。例如，两个工程师正在承担相同的工作，其中一个具有本科学历，另一个具有博士学历。在接受教育过程中花费的不同时间意味着他们具有不同的知识深度。由于具有较高文凭的会计师，工作效果更好，而且可以承担更高级别的工作类型，能为企业创造出更大的价值，其薪酬应该高于具有本科学历文凭的会计师。第二种是以多重技能为基础的薪酬结构。根据员工能够胜任的工作的种类数目，或者说员工技能的广度来确定薪酬，员工所掌握的技能种类越多，应该得到的薪酬也就越多。（3分）

（3）市场导向的薪酬结构。这种薪酬结构是根据市场上本组织竞争对手的薪酬水平来决定本组织的内部薪酬结构。其特点是以外部劳动力市场上的薪酬关系来决定本组织内部的薪酬结构；强调的重点是组织人工成本的外部竞争力，而不是组织内部各种工作之间在对组织整体目标贡献上的对应关系；操作的后果是可能出现本组织内部薪酬结构的不一致。这种结构的优点包括简单易行，在同行业中能够保持薪酬上的竞争力。其缺点则是有些薪酬制度是保密的，有时候不容易得到准确的结果；自身薪酬水平的确定十分被动，不易自我灵活掌握；相当于让竞争对手来决定内部的薪酬结构，可能使本公司的薪酬结构丧失内部一致性。（3分）

全真模拟演练（五）

（考试时间 150 分钟）

总分		题号	一	二	三	四	五
核分人		题分	10	25	25	20	20
复查人		得分					

一、单项选择题（本大题共 10 小题，每小题 1 分，共 10 分。在每小题列出的四个备选项中有一个是符合题目要求的，请将其代码填写在题后的括号内。错选、多选或未选均无分）

1. 间接薪酬是指（　　）。
   A. 工资　　　　　　　　　　　B. 员工福利与服务
   C. 奖金　　　　　　　　　　　D. 以上都不对

2. 以下哪一项付酬形式与企业目标的实现联系最为紧密（　　）。
   A. 按资历付酬　　　　　　　　B. 按工作环境付酬
   C. 按职位付酬　　　　　　　　D. 按绩效付酬

3. 以下哪项不是海氏工作评价系统所要分析的维度（　　）。
   A. 教育背景　　　　　　　　　B. 技能水平
   C. 解决问题能力　　　　　　　D. 承担的职务责任

4. 将员工的资历和经验当成一种能力和效率予以奖励的工资调整方法是（　　）。
   A. 物价性调整　　　　　　　　B. 工龄性调整
   C. 奖励性调整　　　　　　　　D. 效益性调整

5. （　　）是由美国心理学家弗鲁姆于 1964 年率先提出的。
   A. 成就激励论　　　　　　　　B. 双因素理论
   C. ERG 需要理论　　　　　　　D. 期望理论

6. 职位/岗位薪酬管理体系主要是针对（　　）的薪酬系统。
   A. 基本薪酬　　　　　　　　　B. 绩效薪酬
   C. 能力薪酬　　　　　　　　　D. 技能薪酬

7. 目前，从世界范围来看，使用最多的是（　　）。
   A. 职位/岗位薪酬管理体系　　　B. 绩效薪酬管理体系
   C. 能力薪酬管理体系　　　　　D. 技能薪酬管理体系

8. 企业核心能力的主要来源有（　　）。

A. 流程、知识、员工和内外关系　　B. 流程、员工、创新和技术

C. 流程、知识、技术和内外关系　　D. 流程、知识、创新和内外关系

9. 岗位薪酬的优点不包括（　　　）。

A. 实现了真正意义上的同工同酬

B. 有利于按照职位系列进行薪资管理，操作比较简单，管理成本较低

C. 更有利于鼓励和引导员工提升自己的知识、技能和能力

D. 晋升和基本薪酬增加之间的连带性增强了员工提高自身技能和能力的动力

10. 最常见、最传统的利润分享形式是（　　　）。

A. 直接现金式利润分享　　　　　B. 递延式利润分享

C. 股票分配式利润分享　　　　　D. 退休基金形式

二、名词解释（本大题共 5 小题，每小题 5 分，共 25 分）

11. 薪酬水平

12. 薪酬外部竞争性

13. 观察法

14. 个人公平性

15. 非货币性外在薪酬

三、简答题（本大题共 5 小题，每小题 5 分，共 25 分）

16. 简述薪酬管理的功能。

17. 简述如何设计一个有效的薪酬激励。

18. 简述职位说明书的主要内容。

19. 简述在企业的薪酬成本控制中应遵循的基本原则。

20. 简述股票期权激励的基本要素。

四、案例分析（本题 20 分）

21. <center>**销售团队薪酬激励的设计**</center>

　　某公司为一家主要从事 IT 产品代理和系统集成的硬件供应商，成立 8 年来销售业绩一直节节攀升，人员规模也迅速扩大到了数百人。然而公司的销售队伍在随后一年出现了动荡，一股不满的情绪开始蔓延，公司高层下决心聘请外部顾问，为公司做一次不大不小的外科手术，而这把手术刀就是制订销售人员的薪酬激励方案。

　　这家公司的销售部门按销售区域划分，同一个区域的业务员既可以卖大型通信设备，也可以卖小型设备。后来，公司对销售部进行组织结构调整，将一个销售团队按两类不同的产品线一分为二，建立了大型通信设备和小型设备两个销售团队，他们有各自的主攻方向和潜在客户群。但是，组织结构虽然调整了，两部门的工资奖金方案没有跟着调整，仍然沿用以前的销售返点模式，即将销售额按一定百分比作为提成返还给业务员。这种做法，看似不偏不向，非常透明，但没能起到应有的激励作用，造成两部门之间的矛盾，于是出现了上面讲到的现象。

资料来源：刘洪．薪酬管理．北京：北京师范大学出版社，2007

案例思考：

（1）这家公司对销售团队的薪酬设计为什么没有激励效果？

（2）这家公司应如何改进销售团队薪酬激励方案？

五、论述题（本大题共 2 小题，每小题 10 分，共 20 分）

22. 论述能力薪酬成功的关键。

23. 论述战略性薪酬的设计步骤。

全真模拟演练（五）参考答案及解析

一、单项选择题（本大题共 10 小题，每小题 1 分，共 10 分）

1. B	2. D	3. A	4. B	5. D
6. A	7. A	8. C	9. C	10. A

二、名词解释（本大题共 5 小题，每小题 5 分，共 25 分）

11. 薪酬水平是指企业中各职位、各部门及整个企业的平均薪酬水平，（2 分）它决定了企业薪酬的外部竞争性。（3 分）

12. 薪酬外部竞争性是基于企业中职位的薪酬水平高低的比较，（3 分）以及由此产生的企业在劳动力市场竞争能力的大小。（2 分）

13. 观察法是指工作分析人员到工作现场运用感觉器官或者其他工具实地考察员工的工作情况，（2 分）通过文字或者图表的方式予以记录、分析和归纳，并整理成适用的文字资料的方法。（3 分）

14. 个人公平性是指组织内部每个员工得到的薪酬与他们各自对组织的贡献相匹配，强调员工个人特征对薪酬决定的影响。（3 分）因此，企业的薪酬政策还应该反映员工个人方面的差异。（2 分）

15. 非货币性外在薪酬包括安全舒适的工作环境（1 分）、良好的工作氛围和工作关系（1 分）、引人注目的头衔（1 分）、有形的必需品（1 分）、主管的赞美和肯定等（1 分）。

三、简答题（本大题共 5 小题，每小题 5 分，共 25 分）

16. 对于薪酬的功能，我们需要从企业、员工和社会三个方面来加以解释。（1 分）从企业方面来说，薪酬管理可以支持企业变革，有利于强化员工对于变革的接受性和认可程度，薪酬管理还能塑造和强化企业文化、控制企业经营成本与改善经营绩效。（2 分）此外，薪酬具有人员配备的功能，可以提高企业效率。从员工方面来说，薪酬对于员工的重要性主要体现在保障功能、信号功能及激励功能等三大方面。从社会角度来看，薪酬管理对于整个社会也具有独特的作用，薪酬作为劳动价格信号，调节着劳动力的供求和劳动力的流向，对社会劳动力的配置有重要影响，薪酬也具有统计与监督的功能，对国民经济具有重要影响。（2 分）

17. 有效的薪酬激励是由以下几个要素构成的：

（1）基于岗位的技能工资制。基于岗位的技能工资制是岗位工资体系上的创新，形成一种强调个人知识水平和技能，推动员工通过个人素质的提高实现工资增长的一种工资体系。（2 分）

（2）灵活的奖金制度。奖金作为薪酬的一部分，相对于工资，主要目的是能在员工为公司做出额外贡献时，给予激励。（2 分）

（3）自助式福利体系。在兼顾公平的前提下，员工所享有的福利和工作业绩密切相连。（1 分）

18. (1) 基本资料。主要包括职位编号、职位名称、职位等级、所属部门直接上级和职位薪点。(1分)

(2) 职位责任。主要包括工作职责、职位关系、工作内容和要求、工作权限、工作环境和条件、工作时间。(1分)

(3) 任职条件。任职条件应包括资格条件（所学专业、工作经验、学历条件和资格证书）、身体条件、心理的品质（包括智商和情商、语言表达、空间理解能力、书面材料知觉能力等）。(1分)

(4) 业绩标准。主要是指职位上每个职责的工作业绩衡量要素和衡量标准。(1分)

(5) 其他信息。主要是一些其他方面的信息，相当于备注提醒的性质，可以在职务说明书中加以说明阐述。(1分)

19. 薪酬成本控制的基本原则：

(1) 追求人力资源效益最大化；(2分)

(2) 企业自我约束和标杆管理的结合；(2分)

(3) 科学控制，以人为本。(1分)

20. 激励主体 (1分)、激励对象 (1分)、有效期 (1分)、行权价 (1分)、授予数量 (1分)。

四、案例分析 （本题 20 分）

21. (1) 目前存在的问题：首先，对于大型通信设备的销售，产品成本很难界定，无法清晰合理地确定返点数。同时，很多时候由于竞争激烈，为了争取客户的长期合作，大型通信设备销售往往是低于成本价销售，根本无利润可以返点。(3分) 其次，销售返点模式一般一季度一考核，而大型通信设备销售周期长，有时长达一两年，客户经常拖欠付款，这就使得考核周期很难界定。周期过短，公司看不见利润，无从回报销售人员；周期过长，考核前期销售人员工作松散，经常找不到订单。(3分) 再次，大型通信设备成交额很大，业务员的销售提成远远高于小型设备的销售，这导致小型设备的业务员心理不平衡，感到自己无法得到更高的收入，公司对自己不够重视，于是工作态度开始变得消极。(3分) 最后，大型通信设备的设计和实施一般是团队合作，由公司总经理、副总经理亲自领导，需要公司其他部门紧密配合，如何将利润分给所有参与项目的人，分配原则是什么，这些问题都是销售返点模式难以回答的。(3分)

(2) 改正的思路：通过对以上问题的分析，这个公司可以设计一套量身定做的工资奖金方案。(2分) 首先，对两个销售团队重新进行职责定位，分别撰写部门职责和岗位职责，明确工作分工，保证其他部门的配合和支持，同时对基本工资进行不同幅度的调整。(2分) 其次，将两个团队工资分配体系彻底分开，即为两个团队分别设计一套完整的、自成一体的工资奖金方案：小型设备销售采取以成本利润为基础的返点模式，而通信设备采取的是以目标绩效为基础的年薪制；小型设备采取个人激励，而大型通信设备采取团队激励；小型设备为季度考核，大型通信设备是以项目为周期的考核。(3分) 最后，根据两类设备的特点，为销售人员设计不同的能力要求。(1分)

五、论述题（本大题共 2 小题，每小题 10 分，共 20 分）

22. 能力薪酬成功的关键有以下几个要点：

（1）"能力"的来源和前提一定要明确。无论是关注技能、知识还是胜任力，作为其基本的关键工作任务、组织流程、组织价值及战略目标等都应该得到明确，从而保证能力薪酬所激励的能力的确是企业所需要的。（2 分）

（2）要基于组织的实际要求对"能力"进行清晰界定、分类和分级，建立自己的能力等级或序列系统。（1 分）

（3）基于能力等级建立相应的能力鉴定和认证机制，是实行能力薪酬的重要保证。（1 分）

（4）要认识到在一般的情况下，能力薪酬并不适用于所有的员工和部门。（1 分）

（5）能力薪酬必须与其他人力资源管理能力相匹配。（1 分）

（6）要根据组织的发展状态，适时对开发出来的能力体系进行维护、评审和调整，保证能力薪酬的实效性，以及运行上的动态灵活性。（1 分）

（7）在设计及推行能力薪酬方案的过程中，要保持与员工的充分沟通，创造强调参与、开放、学习及创新的企业文化氛围，这是很重要的过程保证。（1 分）

（8）需要开发针对团队的分享计划，以及其他关注绩效结果的奖励计划对其进行补充。（1 分）

（9）要关注关于能力薪酬的外部水平参照问题。（1 分）

23.（1）评估薪酬的意义和目的。要求了解企业所在的行业情况，以及企业计划怎样在此行业中竞争，公司对待员工的价值观也反映在公司的薪酬战略之中。此外，社会、经济和政治环境同样影响薪酬战略的选择。员工的薪酬需要是多种多样的。通常年纪较大的员工对现金的需求较弱，较重劳动保险和福利条件，而年纪较轻的员工有较强的现金需求，他们要买房子或者要支持家庭，较看重高工资收入。应考虑员工不同的薪酬需要，制定灵活的薪酬战略。（3 分）

（2）开发薪酬战略，使不同企业经营战略和环境相匹配。通过对企业所处的内外环境和经营战略的分析，开发支持企业经营战略、提升企业竞争优势的薪酬战略。（3 分）

（3）实施薪酬战略。通过设计薪酬体系来实施薪酬战略，薪酬体系是将薪酬战略转变成薪酬管理实践。（2 分）

（4）对薪酬战略和经营战略匹配进行再评价。企业所处的环境不断变化，经营战略也相应在不断变化，因而薪酬战略就必须随之而变。为确保这点，定期对薪酬战略和经营战略匹配进行再评估就成为必要。（2 分）

全真模拟演练（六）

（考试时间 150 分钟）

总分		题号	一	二	三	四	五
核分人		题分	10	25	25	20	20
复查人		得分					

一、单项选择题（**本大题共 10 小题，每小题 1 分，共 10 分。在每小题列出的四个备选项中有一个是符合题目要求的，请将其代码填写在题后的括号内。错选、多选或未选均无分**）

1. 根据表现形式不同，薪酬被划分为（　　）。
   A. 货币的和非货币的两种薪酬　　　B. 基本工资、奖金等
   C. 各种补贴、津贴等　　　　　　　D. 各种保险、旅游补助、医疗补助等

2. 规定最长工作时间，超时的工资支付，企业代缴的各类医疗、工作、计生、死亡、养老、失业保险等属于国家（　　）方面的政策法规。
   A. 薪酬　　　　B. 福利　　　　C. 劳动关系　　　D. 津贴

3. 岗位分类中的细类是（　　）。
   A. 职系　　　　　　　　　　　　B. 职组
   C. 职门　　　　　　　　　　　　D. 岗级

4. 企业薪酬制度设计的基本依据和前提是（　　）。
   A. 薪酬的市场调查　　　　　　　B. 岗位分析与评价
   C. 绩效考评的实施　　　　　　　D. 岗位调查与分类

5. 高科技企业的常用的薪酬激励模式是（　　）。
   A. 虚拟股票　　　　　　　　　　B. 延期支付
   C. 业绩股票　　　　　　　　　　D. 现金激励

6. 以下哪项不是业绩股票激励模式的优点（　　）。
   A. 能够激励公司高管人员努力完成业绩目标
   B. 具有较强的约束作用
   C. 业绩股票符合国内现有法律法规，符合国际惯例，比较规范，操作性强
   D. 股权形式虚拟化

7. 为了完成正常组织之外任务的团队，其成员一般是由从不同部门和岗位抽调的人员构成的，这种团队类型是（　　）。

　　　A. 工作团队　　　B. 平行团队　　　　C. 项目团队　　　　D. 管理团队

8. 团队薪酬计划的关键特征变量是（　　　）。

　　　A. 分配规则和激励强度　　　　　　　B. 分配规则和支付频率

　　　C. 支付水平和支付频率　　　　　　　D. 支付水平和支付层次

9. 下面不属于法定福利的是（　　　）。

　　　A. 养老保险　　　B. 工伤保险　　　　C. 人寿保险　　　　D. 失业保险

10. 下面哪个不是大家对员工福利内涵理解的共同点（　　　）。

　　　A. 员工福利是基于狭义的福利与用人单位提供的整体报酬的交叉概念

　　　B. 员工福利的支付形式多种多样，包括了实物、现金和各种服务

　　　C. 员工福利中的一些项目的提供与否受到国家相关法律和法规的约束

　　　D. 员工福利具有久远的历史，在各用人单位或多或少已经存在

二、名词解释（本大题共 5 小题，每小题 5 分，共 25 分）

11. 薪酬关系

12. 领先型薪酬策略

13. 工作分析

14. 劳动分配率基准法

15. 间接薪酬

三、简答题（本大题共 5 小题，每小题 5 分，共 25 分）

16. 简述薪酬管理的基本内容。

17. 简述薪酬设计遵循的原则。

18. 简述薪酬调查的目的。

19. 简述薪酬总额管理的步骤。

20. 简述激励理论的主要类型和这些类型的代表理论。

四、案例分析（本题 20 分）

21.   **美国安然公司企业年金计划为什么遭到重创？**

美国安然公司成立于 1985 年，是美国两家天然气公司合并的产物，其总部设在得克萨斯州。经过 10 多年的奋斗，其成为世界最大的天然气交易者，在美国企业中排名第七。然而，安然公司 2001 年 12 月 12 日宣布破产，创下了美国历史上最大的破产纪录。破产损失最惨重的要数安然职工，他们不仅失去了工作，而且费尽心血积攒下来的企业退休金也随着安然的倒闭而荡然无存。

安然公司为员工建立了 401（K）计划，雇员缴费计入个人账户，公司相应提供配套资金。双方的缴费和投资收益在养老金分配前免缴所得税。对于养老基金的投资方式，安然公司要求计划的参加者将大部分基金（58％）都用于购买本公司股票。这是因为，一方面购买本公司股票省去了委托代理机构的烦琐手续和相关费用，另一方面公司往往还向购买股票的员工提供一定的折扣。在 20 世纪 90 年代经济一片繁荣的时期，许多大公司的股票价格飞涨，更是吸引了员工利用公司养老金计划来购买本公司股票。

安然公司 401（K）计划的具体运作方式是"底线-抵消"，即把员工的养老基金投资计划与员工的持股计划（ESOP）捆绑起来。也就是说，同时参加这两项投资计划的员工，如果能通过其中一项获得更多利益的话，那么它通过另一项获得的利益就会被抵消。"底线-抵消"方式是合法的，被不少公司沿用至今。在安然公司，有近 10 000 名员工同时参加了两项计划。

大公司选择这种投资方式运作养老基金的最重要的原因是可以大大缩减福利开支，而员工之所以愿意接受这种投资安排是因为他们得到了公司的承诺，保证他们可以从那项收益更多的投资计划中得到实惠。既使公司的股价暴跌，他们仍然至少可以通过员工的养老金投资计划得到一个收益的底线。

根据《华尔街日报》，公司高层运作和计算员工养老金收益的办法是按照 1996～2000 年安然股价迅速攀升时的市价，即每股 37.75～43.44 美元来虚拟员工在员工持股计划中的收益，然后再依据这种锁定的高价计算出的高收益来抵消员工在 1987～1995 年的养老基金收益。实际上员工在持股计划中的收益根本没有安然公司想象得那么高。

安然公司高层对员工养老金计划的管理采用的是欺骗和"暗箱操作"的方式，这也是造成安然公司员工养老基金损失惨重的主要原因。当安然的股票直线下坠，直到分文不值时，安然的管理者们竟然还在按照原来锁定的高水平股价计算出的收益去抵消员工们的养老金所得。

安然公司高层主管在安然破产的前 20 天，还通过电子邮件向安然员工发布安然股票运行正常的虚假信息，欺骗员工继续坚持下去。调查人员透露，在 2001 年 8 月中下旬，就在安然的股价已从 85 美元大跌到 37 美元之后不久，董事长肯尼思·莱曾在短短几天里连续两次向全体员工发送电子邮件，表示"对公司的前景从来没有像现在这么感觉良好"，并称安然目前的首要任务是恢复公司股价的辉煌业绩，他对"股价大幅上涨"有信心。同时，在公司破产之前，当安然股票在 4 周内快速缩水 2/3 的紧要关头，对包括 50 岁以上人员在内的所有员工都禁止抛出个人退休基金账户中的安然股票。

然而，莱本人却自 1998 年 10 月以来，总共出售了 1 亿多美元的安然股票，其中 2001 年一年就抛售了 4000 万美元的安然股票。该公司的其他 29 位高级主管也在股价崩盘之前，相继抛出了 1730 万股，兑现了 11 亿美元巨额现金。安然的破产，最终使员工 10 多亿美元的养老金储蓄付之东流，血本无归。

案例思考：

（1）安然公司的教训是深刻的，安然事件反映了什么问题？

（2）怎么解决这些问题？

五、论述题（本大题共 2 小题，每小题 10 分，共 20 分）

22. 论述能力薪酬体系的设计流程。

23. 论述战略性薪酬的目标。

全真模拟演练（六）参考答案及解析

一、单项选择题（本大题共 10 小题，每小题 1 分，共 10 分）

1. A	2. A	3. A	4. A	5. A
6. D	7. B	8. A	9. C	10. A

二、名词解释（本大题共 5 小题，每小题 5 分，共 25 分）

11. 薪酬关系是指企业内部不同职位的薪酬水平所形成的相互比较关系。（3分）它涉及企业薪酬的内部一致性。（2分）

12. 领先型薪酬策略是采取本组织的薪酬水平高于竞争对手或市场的薪酬水平的策略，（2分）通常情况下，采取领先型战略的组织，其薪酬要比市场的平均水平高出5%～10%。（3分）

13. 工作分析，也称为职位分析、岗位分析或者职务分析，（2分）是指运用一定的技术和方法，以岗位的工作和岗位的任职者为研究对象，全面分析组织中各种工作的人物、职责等情况，并在此基础上阐述该工作的性质和特点，并对担任各种工作所需具备的资格条件做出说明。（3分）

14. 劳动分配率基准法是指以劳动分配率为基准，根据目标薪酬费用推算出目标销售额，（2分）然后根据这一定的目标销售额，推算出可能支付的薪酬费用及薪酬增长幅度。劳动分配率是指由于企业的经营活动所创造的价值中可以用来作为薪酬开支的比率。（3分）

15. 间接薪酬（或称之为福利薪酬）是指员工作为企业成员所享有的、企业为员工将来的退休生活及一些可能发生的不测事件等所提供的经济保障，其费用部分或全部由企业承担，福利薪酬中有一部分是具有政府强制性的法定福利。（3分）另外一部分是自愿性的非固定福利，可由企业自行设置福利项目以作为对法定福利的补充。（2分）

三、简答题（本大题共 5 小题，每小题 5 分，共 25 分）

16. 薪酬管理的基本内容包括以下几个方面：

（1）薪酬水平，它是指企业中各职位、各部门及整个企业的平均薪酬水平，决定了企业薪酬的外部竞争性。（1分）

（2）薪酬结构，它是指薪酬由哪部分构成，各个构成部分又以怎样的比例结合在一起。（1分）

（3）薪酬体系，即确定员工的基本薪酬以什么为基础。（1分）

（4）薪酬关系，是指企业内部不同职位的薪酬水平所形成的相互比较关系。（1分）

（5）薪酬形式，是指计量劳动和支付薪酬的方式。

（6）薪酬政策，是指企业管理者对企业薪酬管理运行的目标、任务和手段的选择和组合，是企业在员工薪酬上采取的方针、策略。（1分）

17. （1）公平原则。公平并不意味着"大锅饭"，一概而论。这种公平是建立在员工的岗位、级别、能力一致的基础之上的，是横向的公平。（2分）

（2）竞争性原则。此原则要求本企业的薪酬制度要能够与他企业具有一定的竞争性，这样才能吸引人才、留住人才，进而使人才为企业的发展效力。（1分）

（3）激励性原则。有效的激励需要高薪与科学性相结合，而不是单单依靠较高的薪水去激励员工工作的积极性。（1分）

（4）经济性原则。此原则要求薪酬激励要在企业的承受能力、利润积累、成本控制的范围之内，而不是一味提倡高薪。（1分）

18. （1）根据外部市场状况调整薪酬水平。（1分）

（2）调整薪酬结构。（1分）

（3）评估竞争对手的劳动力成本。（1分）

（4）吸纳和保留员工，提高员工的满意度。（2分）

19. 薪酬总额管理有以下四个步骤（1分）：薪酬总额预算（1分）、薪酬总方法控制和调整（1分）、薪酬总额核算（1分）、薪酬总额分析调整机制（1分）。

20. 激励理论主要有两种类型：内容型激励理论和过程型激励理论。（1分）内容型激励理论集中研究人们行为的动因，说明什么事物会激励人们采取行动、管理人员如何了解和激发雇员的行为（2分），主要有马斯洛的"需要层次理论"、阿尔德佛的"ERG需要理论"、麦克利兰的"成就激励论"、赫茨伯格的"双因素理论"。过程型激励理论主要研究影响人们行为的因素之间的关联及其相互作用的过程，代表性的理论是期望理论、公平理论。（2分）

四、案例分析（本题 20 分）

21. （1）反映出了以下几个问题：

1）忽视了对自我投资的限制，在安然养老金计划的21亿美元资产中，安然股票占了58%，而且多数雇员都有很长的禁售期，在股票崩盘时无法出手，导致了巨大的损失。自我投资的风险巨大，如果年金基金的委托人，即年金计划的举办企业发生经营困难，甚至倒闭，企业的股票就会大打折扣，损失惨重。安然公司养老金计划的破产，很重要的一个原因就是忽视了对自我投资的限制。（3分）

2）违背了分散投资的原则，安然公司养老金资产投资过分集中于本公司的股票，将风险聚集在本企业的经营效益上，不利于分散投资风险。固然，以员工的退休保险基金购买本公司股票成本较低，省去了很多中间费用，促进了企业的凝聚力和员工的主人翁意识，有利于企业的建设。但是作为一项为了获取收益的投资而言，这一做法违背了分散投资来规避风险的原则。企业制订养老金计划首先要考虑的应该是资金的安全性，应当区别于股权激励等其他形式的措施。（3分）

3）公司在企业年金治理结构中的角色不当，在安然养老金计划中，公司担任着年金理事会、投资决策人等多种角色，并对其他机构，如账户管理人施加过大的影响。根据美国现行法律，雇主的责任是通过企业内部成立的理事会（投资委员会）或指派的受托人对退休金计划资产的投资工具做出决定，然后由雇员具体决定如何将自己个人账户的资产在给出的投资工具中进行投资分配。美国《雇员退休金保障法》规定，如果雇主为其提供了充分准确的投资信息，雇主将不会为因雇员所做的具体投资决定而导致的资产损失负法律责任；但是如果雇主在投资工具选择中没有遵循妥善和谨慎的受托人职责的话，他要为投资失败负责。安然公司既是受托人，又作为年金投资管理人给出错误的投资决策建议，在企业年金治理结构中角色混淆，其目的是为自身谋取不正当利益。(3分)

4）公司高管与员工信息不对称和欺骗误导行为，使员工不能进行正确选择和保护自身利益，从安然案例看，企业治理结构不完善给养老基金运作造成了致命打击。安然的养老基金管理中，对员工的自身利益的维护得不到体现。公司管理层虽然允许员工自己决策养老金的投资，但企业给出的建议投资方案往往是包含自己股票在内的几种简单方案，诱导员工的决定。相比之下，多数员工还是会选择本公司的股票。另外，雇主与雇员在信息上完全不对称和传递错误信息导致雇员对自己的投资风险一无所知，最终酿成雇员的重大损失。(3分)

5）外部缺乏有效监督，中介机构失职，安然公司的治理结构不健全，使企业年金缺乏有效的内部监管；而外部监管的同样乏力使其基本上处于失控状态。首先政府的监管没有到位，其次由于担当外部监督的金融机构为了利润为企业提供虚假报告，如安达信公司对安然审计不实、美林公司为其虚造利润、花旗银行和摩根大通为其隐瞒巨大债务等，使养老金运作缺乏客观公正的外部监管。(3分)

6）员工缺乏风险意识，对养老金认识不足，在安然案件中，公司对员工的误导是形成损失的重要原因，但员工自身对养老金运作的认识不足、风险意识淡薄也是不可忽视的原因。(2分)

(2) 可以按以下措施解决问题：为了从安然案件中吸取教训，布什政府决定对企业养老金计划进行改革。2002年3月1日美国总统布什专门提出了一项退休金制度改革计划，强调其目的是为了更好地保护公司员工的退休金，使员工在处理自己的退休储蓄账户时，有更大的自主权。具体内容包括：①在加入公司退休储蓄养老金计划3年后，员工有权出售公司的股票，并选择其他的投资方式；②公司在禁止出售股票时，主管与员工应一视同仁；③公司应该在禁止出售股票前30天通知员工；④公司应每个季度向员工报告其退休储蓄账户的情况。(3分)

五、论述题（本大题共 2 小题，每小题 10 分，共 20 分）

22. 能力薪酬方案的设计流程主要包括以下步骤：分析组织能力、建立员工素质模型、员工能力评价、确定能力薪酬体系。不同的企业所具有的组织能力不相同，即使同一企业在不同发展阶段所表现出的组织能力也不相同，企业在进行薪酬设计之前，必须明确企业使命和企业的价值观，以及企业赖以生存和发展的关键能力。(2分) 能力模型的建立过程包括以下步骤：①区分职类职种，确定研究类别；(2分) ②选取样本，进行分析，形成能力模型库；(1分) ③能力模型的评审及修订。对员工能力进行评价是能力薪酬体系设计的关键步骤。通过员工能力评价，可以促进员工业务工作的规范化和标准化。(2分) 建立员工的职业发展通道，促进员工自我完善，提升员工职业化水平。运用职业化水平评价结果，为晋升、薪酬等人力资源管理工作提供客观依据。企业在初步建立各职类职种的能力模型以后，在此基础上，人力资源部门应组织相关部门主管、业务专家及核心员工对素质模型进行修订和评审，以保证素质模型的有效性和可操作性。（3分）

23.（1）支持战略。支持战略是指承担不同职能和任务目标员工的薪酬水平应当支持公司的战略目标；应该与人力资源战略和目标正确配合，能够促进员工的行为与组织目标相符合。（2分）

（2）公平。公平是薪酬制度的基础。"公平对待所有员工"或"按劳分配""同工同酬"，这些表述反映了对公平的关注。它强调在设计薪酬制度时，确保薪酬体系对所有的员工都公平。它包括分配结果公平和决定分配结果的程序公平。（2分）

（3）合法。合法作为薪酬决策的目标之一，就是要遵守各种全国性的和地方性的法律法规。这是维持和提高企业信誉的关键，也是吸引优秀人才的关键。为了维护良好的信誉，确保绩效工资制度与薪酬法律相吻合是必要的。（2分）

（4）市场竞争。支付符合劳动力市场水平的薪酬，确保企业的薪酬水平与类似行业、类似企业的薪酬水平相当，虽然不一定完全相同，但是相差不宜太大，薪酬太低会使企业对人才失去吸引力。市场竞争的工资体制代表适合公司目标的薪酬政策。（2分）

（5）激励。适当拉开员工之间的薪酬差距。根据员工的实际贡献付薪，并且适当拉开薪酬差距，使不同业绩的员工能在心理上觉察到这个差距，并产生激励作用；使业绩好的员工认为得到了激励，业绩差的员工认为值得去改进绩效，以获得更好的回报。（2分）